所有壞事背後都有未來的好事

運用教練技巧，
看見壞事背後未來的好事

當我們攀登生命的高峰，教練如同喜馬拉雅山的雪巴人，陪伴並協助登山者走過最艱難的一段過程；教練思維與技巧的重點，在於啟發我們找到問題的答案，不過度聚焦在過去的創傷與悔恨，而是將更多的心力放在當下的思考與行動，創造我們想要的未來，整合現有資源，用自己的步伐成就邁向生命登頂的路程。

目錄

PART 2

五大教練思維

PART 3 情緒／困擾／自救

PART 4 情緒教練與人際關係

—推薦序—

走出負面情緒的漩渦，活出自己想要的狀態

《所有壞事背後都有未來的好事》是一本關於如何運用教練方法來管理情緒與協助個人成長的書，書中提供許多生動的例子以及有效的解決方案，詳細說明如何運用教練工具循序梳理情緒困擾，是一本非常好的情緒管理手冊。

我們每天都會有非常多的情緒發生，如憤怒、悲傷、喜悅、平靜、憂慮等等。當我們面對情緒困擾的時候，有些人可以迅速走出，但有些人可能不知道該如何主動回應和管理情緒。本書提供許多值得參考的教練工具，幫助我們提升對自我情緒的覺知，並做好情緒的轉化。書中的五種教練思維模式，幫助我們轉換思維角度，並且快速地擺脫情緒的困擾。教練思維模式幫助我們從「過去」轉向「未來」，從「問題」轉向「成果」，透過聚焦「我自己想要的是什麼、為什麼我這麼想要、這個結果對我有什麼意義」，而「我接下來的行動是什麼」，可以幫助我們走出負面情緒的漩渦，活出自己想要的狀態，並一步步地實現自己的夢想。如

果我們可以持續地使用教練工具引導自己的工作和生活，就能有力地提升生命的效率。

本書為讀者提供如情緒日記、逆向規劃、直升機願景練習、把目標放大十倍等許多實用的教練方法，對我們的情緒管理有非常大的啟發。作為子慧的好朋友，同時也是子慧的教練導師，我很開心看到他寫了一本結合教練與情緒管理的書籍，並期待子慧今後繼續為讀者帶來更多豐富的關於教練實踐的作品。

何巧

中國首位女性大師級教練（MCC）、《績效躍升地圖》作者

推薦序

覺察並接納情緒，做出積極正向的改變

二〇一五年，北京師範大學心理學院北美校友會成立，許多曾在北京師範大學心理系、心理學院、心理學部學習、成長的學子歡聚一堂，表達他們對母校的思念和感恩。北京師範大學心理學院的校友在北美校友會發展迅速，子慧就是其中一位，在北京師範大學心理學院四年的學習，為他打下堅實的心理學基礎：扎實的專業訓練、追求卓越的專業態度、誠信質樸的專業素養，是心理學工作者的珍貴寶藏。作為曾經的師長，我祝賀子慧帶著寶藏，將多年助人的心得集結為本書。

人生的奮鬥目標不只是物質生活的富裕，也包括精神生活的富足，這也是每個人對美好生活的追求，包括提升幸福感、滿足感和安全感。但是，隨著社會的發展，心理健康的問題日益凸顯。我幾乎每天都會收到求助訊息，希望得到幫助的人來自不同的性別、職業別、年齡層，而且有愈來愈年輕化的趨勢。也許，還有許多潛在的心理困擾尚未得到及時的回應和介入，還有許多求助的聲音未能被聽見，如此一來，都有可能成為影響社會發展的嚴重問題。因此，在實現美好生活的過程，心理學相關工作領域也愈來愈得到重視與發展。

本書向讀者介紹簡單有效且易於練習的情緒教練技巧，書中藉由案例的分享與說明，引導讀者學習覺察情緒、接納情緒，然後做出積極正向的改變。其中包含常見的情緒問題辨識方法，還提供專業的小練習，幫助讀者自行學習與體驗。本書對於在不同的人際關係情境運用情緒教練技巧，也提供許多建議，非常值得一讀。

正如書中所提，許多人對情緒一無所知，任由情緒的大象背著自己在漆黑的夜裡橫衝直撞，傷己傷人。相信本書能夠為飽受情緒困擾的讀者提供幫助。

張西超
北京師範大學心理學部教授、博士生導師

—自序—

更深刻的情緒探索，在黑暗中照進陽光

記得在我三、四歲的時候，有一天，忘記是什麼原因和父母嘔氣，一氣之下，我握緊拳頭氣沖沖地跑進房間，從床墊下翻出父母藏的錢（別擔心，他們現在已經不把錢藏在床墊下了），把那些佰元大鈔一張一張都撕成兩半。父母知道之後，並沒有罵我，而是苦笑著把錢又一張張小心地黏在一起。

當時只是個小孩的我，就已經有這麼「可怕」的情緒爆發力了！

從小到大，我每天都經歷著數不清的情緒。只是，那時的我還不懂：原來沒有人和我一起玩的感覺叫「孤獨」、跟最好的朋友鬧翻時的心情叫「難過」。在情緒的驅使下，我做過一些錯誤的行為和決定、我曾消沉多日不願工作，只想追劇，也會和最愛的人為了一點點小事就爭吵不休。只是那時的我，彷彿還在黑暗中行走，懵懂無知。

大學時我選擇主修心理學，其中一個原因就是我希望能更加了解自己和他人。從那之後，我就走上心理學的道路，不知不覺間已經十幾年了。大學畢業後，在加拿大完成心理學碩士和博士學位。經過這些年不斷地學習和實踐，讓我對自己和他人的情緒有了更深刻的認識，彷彿在黑暗中逐漸照進了陽光一般。

作為一名教練，我在工作中接觸到許多深受情緒問題困擾的人。例如，有客戶告訴我：「不知道為什麼，我總是感覺非常孤獨和焦慮。我不斷地在網路上找人聊天，但依然沒有解決任何問題，反而有一種更焦慮、壓力更大的感覺。」也有人說：「我的臉上長滿痘痘，很難看。一看到鏡子中的自己就很煩躁，不想念書，每次都會因為這樣難過而浪費許多時間。」還有人說：「我很愛我的女朋友，他對我來說比什麼都重要。可是現在他突然要和我分手，因為他覺得我們不合適。可是愛情不是應該在一起好好磨合不應該輕易分手嗎？我好痛苦，現在已經不能正常工作和生活了。」

聆聽這些真實的困擾讓人感到心疼，我運用情緒教練技巧，幫助他們認識、接納、管理自己的負面情緒，並教授許多處理情緒的方法，來幫助自己和他人。但是，仍有無數的人對情緒一無所知，任由情緒的「大象」背著自己在漆黑的夜裡橫衝直撞，傷己傷人。因此，我寫了這本書，藉此整理我在情緒教練領域的心得和實戰經驗，讓提升情商的理念和方法更為普及。

什麼是情商？為什麼情商很重要

在日常生活中，我們經常聽到：「這個人情商好高、那個人情商好低。」那麼，什麼是情商？情緒商數（Emotional Intelligence Quotient，EQ）的概念最初是由彼得．沙洛維（Peter Salovey）和約翰．梅耶（John Mayer）所提出，是指一個人接收、處理與掌控自己和他人的情緒，並以此決定自身行為、影響他人行為的能力。

丹尼爾．高曼（Daniel Goleman）在《EQ》（*Emotional Intelligence*）中進一步把情商細分為五項能力：(1)認識自身的情緒；(2)妥善管理情緒；(3)自我激勵；(4)認知他人的情緒；(5)人際關係的管理。高曼認為，情商在與智力和成功關聯度較低的「軟性」領域方面具有重要的作用，而「軟性」領域則與人們的幸福感息息相關。

在健康方面，醫學證實高情商的人更能夠覺察自身的情緒狀態，並及時做出調整，避免讓自己承受過多的焦慮、憤怒、憂鬱等負面情緒，以降低可能引發的高血壓、心臟病、糖尿病、關節炎等健康問題，也較少出現憂鬱症、焦慮症等心理問題。

在人際互動與親密關係方面，高情商的人有能力建立並維持良好的關係，滿足自身與他人的需求，讓關係中的彼此都得到滋養。特別是在遭遇逆境時，他們能夠積極地向外尋求幫助，向內自我調適，展現強大的心理彈性。

在工作方面，雖然智商和技能會決定一個人是否受到錄用，但情商卻是決定一個人能否在工作中有更長遠的發展，並承擔主管職責。與情商低的人相比，高情商者與同事的關係更好，也有較強的領導力。

在教養方面，現代社會教養子女並不容易，是非常挑戰父母耐心的事情。高情商的父母能夠在大多數時候保持平和的心態，並穩穩地接住孩子的各種情緒，在以身作則的相處中，將處理情緒的方法教給孩子，無形中培養出同樣高情商的孩子。

情商的重要性不只在上述層面，還有更多深遠的影響。好消息是，一個人的情商並非固定不變，而是可以透過學習和刻意練習獲得提升，本書將帶給你許多自我教練的技巧，可以幫助你提升自己的情商。

啟動情緒探索的旅程

本書共分為四個篇章，前兩個篇章是基礎概念，後兩個篇章是實戰演練。

在第一篇我會介紹如何進行情緒教練；在第二篇則是介紹五種教練思維模式，分別是：

(1)向內聚焦，從改變自己開始。

(2)接納無法掌控的事，關注現在和未來。

(3)人不是因為優秀才自信，而是因為自信而優秀。

(4)管理目標，管理人生。

(5)將想法落實於行動。

這五種思維模式與一個人的情緒健康息息相關，因此，能夠了解並有所掌握，就能避開許多負面情緒的困擾，並為提升情商打好基礎。

在第三篇我會介紹六種典型的個人情緒困擾，包括：焦慮、恐懼、憂鬱、嫉妒、憤怒和自卑與羞愧，並且探討這些情緒的表現，提出解決方法。最後，在第四篇我會介紹情緒教練技巧在人際互動、親密關係、親子關係和職場關係等情境的應用。

接下來請和我一起進入，即將啟程的情緒探索之旅吧！

PART 1

情緒教練導引

▸chapter 1

如何進行情緒教練

point

運用自我教練模型與情緒日記，你也可以情緒自救

一個六歲的小男孩放學回家後，看起來悶悶不樂，心情很不好。他把球丟向牆壁砰砰作響、玩具丟得到處都是；他還對著可愛的弟弟大喊大叫，威脅弟弟如果不聽話就把他扔出去。吃晚餐時，他挑剔飯菜不好吃，吃了幾口就跑回房間自己玩遊戲。最後，媽媽決定和他好好談一談。

媽媽：「你今天看起來好像不太高興，還對弟弟發脾氣，也沒有好好吃飯。是不是

發生了什麼事？」
孩子：「我今天過得很不好！我討厭上學！」
媽媽：「怎麼了？能不能跟媽媽說？」
孩子：「嗯……今天在操場自由活動的時候，那個討厭的哈利又對我丟小木屑，我也丟回去，然後我們就打起來了。」
媽媽：「哎呀，那實在是太糟糕了！你無緣無故被同學攻擊，一定覺得很生氣，是嗎？」
孩子：「是啊，非常生氣！後來老師來了，罵了我們一頓，還把我們叫到校長室。」
媽媽：「這時候，你除了生氣，是不是還覺得很不公平，因為是哈利先開始的，而且還有點難為情，因為你是第一次被叫到校長室。」
孩子：「嗯，同學都看到了……」他哭了起來。
媽媽把孩子摟在懷裡，溫柔地說：「你覺得生氣，沒有被老師公平對待，而且還在同學面前難為情，難怪你一整天心情都不好，今天真是糟糕的一天。」孩子哭得更厲害了。媽媽只是抱著他，輕輕地撫摸他的頭。過了一會兒，小男孩慢慢地停止哭泣。
媽媽說：「告訴你一個祕密，每個人都有不開心的時候，不只你會有，媽媽也會有。等一下，我講個故事給你聽好嗎？然後你好好地睡一覺，我保證，明天你就會感覺好多了。」孩子破涕為笑，高高興興地聽媽媽講故事。

在上述的例子中，這位媽媽扮演的就是情緒教練的角色。

在現實生活中，你或許會發現自己有時候也像那個孩子一樣，深陷於負面情緒而無法自拔。你悔恨過去，焦慮未來；你有時可能會有些自大，有時卻又覺得自己一無是處；你對人際關係感到苦惱，想要逃避與人互動，卻又害怕孤獨；你很想行動，卻動彈不得……這個時候，你多麼希望有個人可以像故事中的媽媽一樣，讓你趕快好起來。

這個人，或許可以是你自己。

接下來，我將介紹情緒教練的基本方法與自我教練模型，並教你使用經典的教練工具——情緒日記。讀完這一章之後，你會了解當感覺很差的時候該如何自救，成為自己的情緒教練。

不過，在開始之前，你必須先了解什麼是「教練」。

什麼是教練

國際教練聯盟（International Coaching Federation，ICF）將教練（coaching）定義為教

練（coach）與客戶（client）之間的一種合作夥伴關係，透過發人省思與富有創造性的探索過程，啟發客戶發揮出最大的個人與專業潛能。

教練不同於培訓師或顧問，不會直接告訴客戶應該怎麼做，而是透過提問、回饋等方式，啟發客戶自己找到問題的答案。許多人都有這樣的經驗：明知道別人說得很有道理，但就是沒有意願去做；但若是自己決定的事情，就會很有意願去完成。教練鼓勵客戶自己尋找問題的答案，因此，如果教練產生了效果，那麼所有的成果也都來自客戶本身，教練只是輔助的功用。就如同喜馬拉雅山上的雪巴人，他們的職責是陪伴登山者走過最艱難的一程，而登頂前的最後路程，則需要由登山者獨自完成；同理，在教練的旅途中，客戶就是自己人生的主宰者，應對結果背負起全部的責任。

教練與精神科醫師或心理諮商師的不同之處，在於教練不認為客戶是需要被「拯救」的對象，而是相信客戶本身具有足夠的資源和能力。這一點正是作為教練的基本前提，也是教練之所以有效的祕密所在。許多時候，連客戶都不相信自己有足夠的能力走出當下的困境，愈是如此，教練就愈要堅信客戶的智慧和內在的潛力。教練不會聚焦在客戶過去的創傷、失敗、悔恨，而是將更多的心力放在客戶當下可以如何思考和行動，創造出想要的未來。簡單來講，教練最適合想要達成個人或事業目標，但在現況和理想之間還有一道鴻溝，不知如何邁過去的人。

情緒教練是教練的一個分支，專注於處理情緒方面的困擾以及因此影響到個人成長、職場、關係等方面的問題。情緒教練主要有三大助益：

一、提升對於情緒的覺察。當一個人陷入負面情緒時，情緒教練能協助敏銳地覺察到這些情緒以及是什麼引發了情緒。

二、學會接納情緒。當負面情緒出現時，人的第一反應往往是逃避和抗拒，甚至是覺得自己出了問題。情緒教練則認為負面情緒是人生的一部分，接納就是改變的基礎。

三、積極做出改變。情緒教練的終極目標是改變負面情緒的發生緣由，然後經由調整而減少負面情緒。

覺察、接納、改變，正是情緒教練的三個基本步驟。在第一章，我將介紹情緒教練的理論基石——自我教練模型，也將詳細說明情緒教練的三個基本步驟。

自我教練模型

自我教練模型（Self Coaching Model）是大師級教練布魯克・卡斯蒂洛（Brooke Castillo）創立的一套關於如何看待和解決生活中問題的工具，在情緒教練中有非常重要的應用。自我教練模型包括五個部分，分別是事件（Circumstances）、想法（Thoughts）、情緒（Feelings）、行為（Actions）和結果（Results）。

圖1　自我教練模型

事件是一個事實，就像指著電腦說：「這是一台電腦」一樣，任何人都不會反對。一個人過去的經歷就是事件，別人的行為也是事件。事件是中性的，沒有好壞之分，直到我們加上自己的解讀，那就是想法。

和事件不同，**想法**是主觀的，對於同一個事件，不同的人想法可能完全不一樣。例如，同樣是手機摔壞了，有人可能會想：「我怎麼這麼不小心！」但也有人可能會想：「終於可以換新手機啦！」想法對我們的影響非常重大，因為一切的情緒都源自於想法。

情緒是我們對一個事件產生的情緒反應，想法一般都可以用一句話來概括，如「我覺得……」，而情緒是用一個詞來形容，如「開心、生氣、難過」等等。想法決定了情緒，例如，責怪自己不小心摔壞手機的人，感受到的情緒是懊惱，而慶幸可以換新手機的人，體驗到的情緒可能就是開心。

最後，想法和情緒決定了我們所採取的**行為**，而行為直接決定了**結果**。

了解自我教練模型之後，接下來就可以繼續學習情緒教練的三個基本步驟：⑴覺察情緒；⑵接納情緒；⑶做出改變。

情緒教練步驟一：覺察情緒

請你想像這樣一個情景：

一大早，你和室友因為一點小事拌嘴爭執，然後你就出門了，很快就把這件事拋在腦後，開始忙碌的一天。可是坐在辦公室，你又覺得心情煩躁，無法集中精神。下班後，你去超市買東西，覺得結帳的隊伍移動得特別慢，你才等了兩三分鐘就沒有耐心，決定不買了。晚上和父母通話，他們像往常一樣問你在公司的情況，你卻不耐煩地說：「還是老樣子，沒什麼好說的！」父母當然感到不高興而說了你幾句。

你可能會覺得這一天過得真是不好啊，什麼都不順，是不是？但你沒有意識到的是，因為當天早上和室友的爭執，讓你一整天都處於生氣、煩躁的狀態，不知不覺影響到上班、購物和打電話時的心情。這時如果有人告訴你，你在生氣，你可能還會馬上跳起來反駁說：「我沒有！」

這就是缺乏情緒覺察的表現。

什麼是情緒覺察？

情緒覺察（emotional self-awareness）是指在情緒發生時，能夠意識到自己正在經歷哪些情緒，並明白這些情緒可能對自己的行為造成哪些影響。這是情商的基礎，也是情緒管理的第一步。

你可能會認為自己當然知道自己的情緒，情緒覺察有什麼困難？但其實很多時候我們並沒有意識到自己的真實感受，或者沒有及時察覺情緒，可能之後在某一刻才恍然大悟：「哦，原來當時我是這樣的感受。」

我們的情緒就像一頭大象，非常強大、非常有力量，但需要騎象人，也就是理智的引領，否則這頭大象就會橫衝直撞，為我們的生活帶來困擾。如果無法注意到自身的真實感受，我們就只能聽命於情緒操控，被這頭大象背著，在無法覺知的漆黑暗夜裡隨之行走。反之，對於自身情緒更加敏感，能夠及時覺察的人，則對生活擁有更強的掌控能力，可以自由地駕馭情緒的大象，讓情緒為自己服務，前往自己想要到達的地方。啟動自我覺察後，就可以在情緒爆發時也保持自省和自我觀察，轉換成「上帝視角」審視自己。「我現在很憤怒」、「我感到很難過」，這些簡單的覺察，都代表理智已經啟動，正在積極地調節情緒。因此，覺察是情緒管理的第一步。

如何加強自己的情緒覺察？

既然覺察這麼重要，該如何加強自己的情緒覺察呢？在此我要介紹三個步驟來加強你的覺察能力，分別是：捕捉負面情緒、為情緒命名和找到情緒的源頭。

(1)捕捉負面情緒。

捕捉負面情緒，是指在負面情緒出現時，覺得心裡不舒服或意識到自己在做一些不該做的事情時，能夠有意識地啟動自我覺察，提醒自己跳出來看看發生了什麼事。

舉個例子，你可能一整天都感到心煩意亂，打開一本書卻一頁都看不進去。你的習慣可能告訴你，現在該去吃點好吃的了，於是你吃了一大塊巧克力、一袋洋芋片，再加上一枝冰棒，吃完之後，你的心情似乎好多了。這其實就是完全任憑習慣和心情行動，是無意識的狀態。我們許多壞習慣，如：暴飲暴食、看太多的電視、對家人發脾氣等都是源自於此。

可是，如果你能夠捕捉負面情緒，就可以在暴飲暴食之前先停下來想一想：到底發生了什麼事？我真的需要吃這些東西嗎？還是我只是心情不好，潛意識裡認為大吃可以讓我的心情變好？這個「停下來，想一想」的過程，就是覺察的開始，因為這個過程把無意識的慣性情緒反應，變成有意識的判斷和覺察。多練習幾次，你就會對自己的情緒愈來愈敏感。

(2)為情緒命名。

情緒覺察的第二步，是為情緒命名；當情緒發生時，你不只能夠敏銳地捕捉，還可以用語言來描述。就像剛才的例子，當你感到心煩意亂、想要吃一堆零食時，你覺察到：哦，原來我的這種情緒叫作焦慮。

為什麼為情緒命名可以幫助我們覺察？美國心理學家丹尼爾．席格（Daniel J. Siegel）有個理論「重述而平撫」（name it to tame it），是經由為情緒命名來平撫情緒的情緒覺察與命名練習。這個理論認為，當人體驗到強烈的情緒時，思考中樞會暫時癱瘓，身體被情緒中樞所接管，情緒中樞會使人迅速做出戰鬥或逃跑的反應，但因為情緒中樞是非理性的，因此做出的選擇往往不是最好的。這就是為什麼人在情緒上來時，經常會有不理性的行為。這時候為情緒命名可以使思考中樞重新啟動，讓我們退後一步看自己。不要小看這「後退」的一小步，正如「退一步，海闊天空」，會讓你的心態變得平和許多。因此，下次被負面情緒包圍時，你可以退一步問自己：我正在體驗的是什麼情緒？

為情緒命名說來簡單，可是做起來並不容易，因為我們大多數的人，在日常生活中使用的情緒字彙仍非常有限。當被問到「你感覺怎麼樣」時，「開心、生氣、不太好、還可以」等都是常見的回答。但正如同你會的英文單字愈多，英文程度就愈高，因此當你掌握的情緒字彙愈多，也就愈容易為情緒命名。

在如後「情緒字彙表」，我列出常見的情緒字彙。情緒大致可分為七大類：**憤怒**、**羞愧**、**恐懼**、**嫉妒**、**快樂**、**悲哀和驚訝**。每一大類按照強烈程度分為輕度、中度和重度三個等級。

表 1　情緒字彙表

分類 強度	憤怒／冷漠／仇恨	羞愧／內疚	恐懼／焦慮	嫉妒／羨慕	快樂／滿足	悲哀／憂鬱	驚訝
輕度	氣惱 無聊 冷淡 煩躁 挑剔 挫折 不耐煩 超然 漠不關心 厭倦	不安 彆扭 挫敗 臉紅 慌張 猶豫 謙卑 沉默 難為情 退縮	警惕 謹慎 擔心 迷惘 好奇 不安 懷疑 急躁 沒安全感 害羞 發愁 為難	羨慕 疑心 脆弱 佩服	愉快 平靜 淡然 冷靜 鼓舞 友好 希望 坦誠 期待 信任 關心 接受 安慰 感動 輕鬆	沉默 失望 疏遠 無精打采 消沉 後悔 留戀 憂愁 無動於衷 一文不值 無力 孤立 疲倦 悲觀 無意義 厭世 傷感 辛酸	不解 奇怪
中度	被冒犯 生氣 自大 激怒 憤慨 輕蔑 諷刺 反對 鄙視 挑釁	慚愧 害臊 失望 後悔 尷尬 內疚 悔悟 憐憫 膽怯 自卑	害怕 不信任 緊張 慌亂 屈服 驚慌 憂慮 衝動 心煩意亂 著急	貪心 垂涎 渴望 吃醋	開心 滿意 高興 興奮 充實 自信 喜悅 活躍 樂觀 驕傲 充滿活力 愛 甜蜜 幸福 慶幸	沮喪 灰心 壓迫 筋疲力盡 孤獨 淒涼 渺茫 鬱悶 沉重 惋惜 遭受打擊 荒涼 空虛 狼狽 可憐 病態 沒有熱情	驚喜 吃驚

表 1　情緒字彙表（續）

強度＼分類	憤怒／冷漠／仇恨	羞愧／內疚	恐懼／焦慮	嫉妒／羨慕	快樂／滿足	悲哀／憂鬱	驚訝
重度	驚駭 憎恨 噁心 狂怒 惡意 威脅 惡毒 瘋狂 報復 厭惡	貶低 墮落 恥辱 罪惡感 羞辱 排斥 汙衊 自怨自艾	懼怕 恐怖 癱瘓 膽戰心驚 恐慌 毛骨悚然	貪婪 眼紅 嫉妒	敬畏 熱情 幸運 狂喜 沉醉 興高采烈 沉迷 亢奮 癲狂 自負 崇敬	痛苦 絕望 心碎 悲慟 陰鬱 不想活 被摧毀 萬劫不復 虛無 麻木 想自殺 被折磨	驚詫 震驚 目瞪口呆 驚悚

例如輕度的憤怒，是氣惱、煩躁等情緒，中度的憤怒是被冒犯、激怒等情緒，而重度的憤怒則包括噁心、憎恨等等。當然，這份表格無法涵蓋所有的情緒字彙，但足以幫助大家擴展自己的情緒字彙量，為情緒命名。

(3) 找到情緒的源頭。

覺察的最後一步，就是找出情緒的源頭。

在上述暴飲暴食的例子中，在你意識到當下的情緒是焦慮之後，可以再深入思考為什麼會產生焦慮？經過抽絲剝繭的思考，你可能會意識到焦慮的原因是：有一份企劃案還有幾天就要交了，可是你還沒想好該怎麼寫。你擔心會寫不出來或者寫得很差，最後影響主管觀感或考績。因為有這些想法，難怪你會感到焦慮。

想清楚之後，千絲萬縷的情緒就好像突然被理順了，因為你明白自己情緒不好、想要暴飲暴食的原因，就是害怕沒寫好企劃案，導致後續不好的結果。當你找到情緒發生的緣由之後，就有**選擇的權力**。你仍然可以選擇吃一大堆零食，也可以選擇透過運動抒發情緒，也可以列出問題解決的行動計畫，開始著手完成企劃案。重要的不是你選擇什麼，而是你發現引發情緒源頭的事件，擁有解決問題的選擇，因而有效地紓緩和釋放負面情緒，而不是盲目地依照慣性行動。

在覺察之後，你的情緒會有所緩和與安定，無形之中你就掌握了一種有效管理情緒的力量，這就是覺察的作用。在教練工作中有許多這樣的案例，其實教練的功用，許多時候就是協助增加覺察，找到問題背後的根源。就像上述的例子，一個人表面上的問題是暴飲暴食，但這個行為背後的深層原因，卻是因為擔心主管觀感與考績而產生的焦慮情緒。只有覺察情緒，才有可能從根本解決問題，獲得持久的改變。

情緒教練步驟二：接納情緒

當你覺察到自己的負面情緒之後，你的反應是什麼？

你或許會想要逃避，以過度的抽菸、喝酒、玩遊戲等不健康的方式來獲得快樂，逃避和壓抑負面情緒，因為這些情緒讓人太難受，因此人會本能地想讓痛苦立刻消失。這些方法可能一時管用，但通常會造成新的問題。「逃避」也會表現在人際關係中，當面對人際衝突時，你可能會假裝衝突不存在，就像把頭埋進沙子裡的鴕鳥。結果呢？這些衝突當然不會憑空消失，只會隨著時間的推移愈來愈嚴重，更加難以收拾。

你或許也想要抗拒，你的成長經歷讓你覺得有負面情緒是一件不好的事情。例如，小時候，父母可能會這麼說：「你如果再生氣就是不乖喔！」「這一點小事，有必要哭成這樣嗎？」久而久之，當你出現憤怒、難過、嫉妒等情緒時，你會責怪自己：「怎麼能這樣？」這種自我批判帶來羞愧的感受，於是，你的感覺就更差了。

逃避與抗拒都是對情緒的不接納，會產生反效果，而正確面對情緒的方法，就是接納。

為什麼要接納情緒？

接納情緒，是允許自己當下體驗任何情緒，明白這些情緒都是正常的，都是人生不可缺少的一部分。每個正常人都會體驗豐富而多樣的情緒，就如同千變萬化的天氣。沒有人能夠一直持續感到快樂、滿足，並且完全與憂鬱、悲傷等負面情緒絕緣。因此，對情緒的接納，也就是對人性的接納。

從另一個角度來講，負面的情緒並非完全無用，而是能為我們提供重要的訊息，告訴我們有哪些地方需要注意。例如，當一名員工因為老闆的不公平對待而憤怒時，撇除老闆的個人因素，或許也表示這位員工在公司的前景堪憂，需要做出一些實質上的改變，如果他抗拒或逃避這種憤怒的情緒，也就失去改變的機會。因此，情緒代表一部分的事實，接納情緒也就是接納事實，而不是追求虛假的完美。

從情緒管理的角度來說，接納情緒最重要的好處是：當你接納自己的負面情緒之後，就會降低負面情緒所帶來的破壞性。也許你曾經有過這樣的體驗：愈是抗拒、壓抑某種情緒，這種情緒反而會一而再，再而三地跳出來，讓你感覺更差。反之，若你全然接納，就會停止情緒的「反芻」，獲得寶貴的內心安寧。接納，也等於告訴自己：「這沒有那麼糟糕。」負面情緒確實讓你感覺很差，但僅此而已，並不會給你造成任何實質性的危險，意識到這一點之後，你就會有更多改變的勇氣。

接納是改變的開始，以減重為例，如果想減重，要先接納自己現在的體重，接納自己不太完美的樣子，才可能有動力想要減重。這聽起來好像有點不符合常理，但現實確實如此。

如何接納情緒？

在覺察情緒後，你已經找到情緒的源頭，接下來，在接納情緒的部分，就需要進一步思考：為什麼這個源頭會帶給我負面情緒？這背後隱藏我的哪些限制性信念和想法？

如上述未完成企劃案為例，當你因為企劃案而感到焦慮時，這背後的限制性想法可能是：「如果我沒寫好這份企劃案，就代表我是個失敗者。」「這份企劃案如果不好，那我一定也無法做好其他工作。」這些限制性的信念和想法，導致你無法接納負面情緒並且自我批判。想想看，如果你完全允許自己體驗這些情緒，將其視為人生必然的經歷，那麼情況是不是會有所不同？你是否就能以更加接納的態度來解讀這個引發負面情緒的事件？

你可以允許自己焦慮，同時告訴自己：「我對企劃案產生焦慮是很正常的，這代表我重視這份工作。在焦慮的情緒下，我還是可以好好地完成這份企劃案，甚至以此為動力。即使最後成果不理想，我也已經盡力，這並不代表我無法做好其他工作，更不能因此就說我是個失敗者。」

接納情緒的另外一個方式是自我疼惜（Self-Compassion）。自我疼惜是指在遭受失敗、痛苦時，對自己保持關愛和同情，克莉絲汀·娜芙（Kristin Neff）博士認為，自我疼惜對接納自己至關重要。要做到自我疼惜，首先需要有覺察的能力，意識到自己正在遭受痛苦，此刻最不應該做的就是繼續責備自己。你可以把自己想像成一個好朋友或是一個孩子，你會對痛苦中的他說些什麼？你或許會說：「沒有關係，你沒有搞砸任何事，沒有人是完美的。好好休息一下，明天又是新的一天。」自我疼惜也代表，你明白你不是獨自一人在遭受這些困惑和痛苦，也有許多人跟你有類似的煩惱。想到這些，你會不會覺得好受一點呢？

情緒教練步驟三：做出改變

接納情緒，是否就代表消極被動地接受發生在自己身上的一切，任由糟糕的情緒蔓延，放棄任何努力？當然不是這樣。如同你的手碰到滾燙的開水時，會迅速地把手拿開，避免繼續接觸滾水而受到嚴重燙傷。而負面情緒就像滾燙的開水一樣，提供了危險訊號，但是在接收到訊號之後，若是仍沉浸於負面情緒之中，那就如同沒有把手抽離滾燙的開水，會使自己受傷。

因此，情緒教練的第三步就是做出改變。

如何做出改變？

(1) 找到情緒背後沒有被滿足的需求，並且嘗試滿足。

情緒的功能很重要，能夠指引我們看清當下什麼最重要，與真實的自我連結。在原始社會，情緒幫助人類察覺即將到來的危險，並與他人保持緊密的聯繫，提高生存的機率。在現代社會，雖然我們的生存環境已經與原始社會大不相同，但人類仍保有原始、迅速的情緒反應，幫助自我察覺沒有被滿足的需求。

一個人的需求可以分為生理和心理兩大類。生理需求很容易理解，餓了、渴了、累了、睏了，都會大大影響心情，例如「起床氣」就是因為我們在睏的時候特別容易生氣。當你發現自己的情緒不好是因為生理需求沒有被滿足時，就要優先滿足自己的需求。如果餓了，就去吃點東西，如果睏了，就去睡覺，先把自己的生理需求解決，情緒自然就會變得平穩。

再來談心理需求，我們大多數人都希望被尊重、被理解、被欣賞、被愛，希望實現自身的價值。每個負面情緒的背後，都隱藏著沒有被滿足的心理需求。當你覺察到這些未被滿足的需求，接納這些需求，並嘗試滿足需求時，你的情緒問題就能得到解決。

如下表 2 列出了常見的負面情緒，所代表的是情緒背後未滿足的需求以及你可以採取的行動。

表 2　負面情緒——未滿足的需求與因應行動

負面情緒	未滿足的需求	因應行動
焦慮	完美／成就	保持心態平和／付出努力
恐懼	安全	戰鬥／逃跑
自卑	自信／自尊	自我疼惜／接納／提升
憂鬱	快樂	做能帶來快樂的事
無力	掌控／自主	做好可以掌控的事
憤怒	界線	防衛／保護
嫉妒	優秀／成就	自我提升／豐盛思維
悲傷	擁有／愛	療癒
孤獨	與他人連結	主動與他人連結

由於情緒與需求的關係非常複雜，很難用一張簡易表格概括。一種負面情緒，可能源自於數種未被滿足的需求；一個未被滿足的需求，也可能產生多種負面情緒，因此大家可以將表 2 視為比較典型的範例參考。

有時候，我們所體驗到的是「衍生情緒」，也就是對原生情緒的情緒反應。這時要分辨情緒背後的需求就有點困難了。例如，一個妻子因為丈夫沒有主動洗碗而生氣，並不是因為他討厭洗碗，而是因為他希望被丈夫支持、愛護的需求沒有獲得滿足。因此，憤怒只是衍生情緒，真正的情緒應該是悲傷、難過。此時，如果丈夫只是回應妻子憤怒的情緒，而妻子真正的需求沒有得到滿足，也就很難澈底解決婚姻中的問題。

(2)練習正念。

改變負面情緒的第二個方法是練習正念（Mindfulness）。正念是指把注意力關注在當下，全然覺察和接納自己的身體感覺、感受和想法，不做任何評斷。

許多人痛苦的原因，是一直回想過去的失敗經驗或是過於擔憂未來還沒有發生的事。而正念正好相反，既不惦記過去，也不關心未來，而是把注意力集中在當下，對當下保持開放、好奇、不評斷的態度。當我感到情緒不佳或是要進行一項重要的任務之前，都會練習正念。正念會讓我的內心平靜下來，彷彿為電池充電，讓我感覺自己有力量迎接所有的挑戰。

如果你從未接觸過正念，可能會覺得它很神祕，但其實正念的練習並不難。經由下列三個步驟可以讓你立即開始。

步驟一：把你的注意力集中在當下，可以是呼吸、身體的某個部位或是五感之一（視覺、聽覺、觸覺、味覺、嗅覺）。練習正念時，可以睜開眼或閉上眼睛，躺著、坐著、站著或是行走，選擇自己最喜歡的方式就好。

步驟二：觀察當下發生什麼事。例如，你在呼吸時，可以把手放在胸部或腹部，感覺身體部位的上下起伏，並感受空氣進入和離開鼻孔的溫度。你在吃飯時，可以細細品味飯菜的味道和口感。若你把注意力集中於聽覺，就聆聽你可以聽到的最遠的聲音，過一段時間，再把注意力拉回近處，聆聽離你最近的聲音。

步驟三：若你的注意力飄到別處，不用責怪自己，輕輕地把注意力拉回來就好。在正念的練習過程，你的腦海中可能會出現其他的想法，你會發現自己在想過去發生的事情，或是今天晚餐要吃什麼，這都很正常，也是正念練習會有的狀態，並不代表你不適合正念或缺乏能力。你不需要懊惱，只需要把注意力重新集中回到當下就可以了。

一次短短兩分鐘的正念練習，就能讓你的心態有所平靜。因此，當你感到焦慮時，我誠摯地建議你試試看正念練習。

(3)改變想法。

根據「自我教練模型」，客觀事件帶來想法，想法觸發情緒，情緒引發行為，行為造成結果。因此，要改變情緒，就需要改變觸發情緒的想法。在此分享一個我自己的親身經歷，或許能幫助你理解。

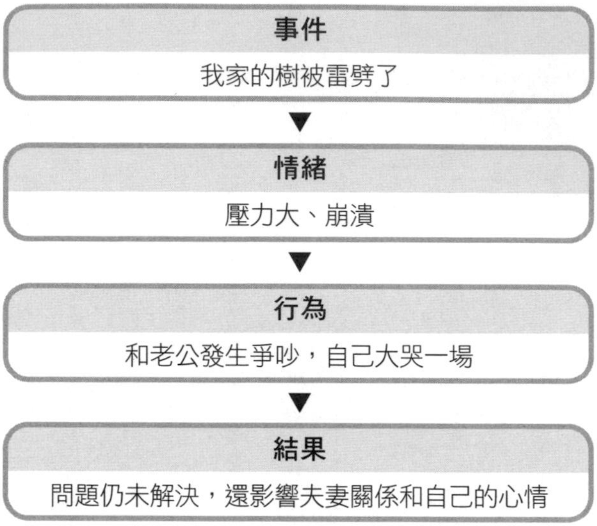
事件
我家的樹被雷劈了
情緒
壓力大、崩潰
行為
和老公發生爭吵，自己大哭一場
結果
問題仍未解決，還影響夫妻關係和自己的心情

圖 2　導致我情緒崩潰的前因後果（從表面上來看）

在一場劇烈的雷陣雨中，一道雷正好擊中我家後院一棵高高的核桃樹，一根碗口粗的樹枝被劈斷了。那段時間，我正好壓力特別大，這件事情就如同壓垮駱駝的最後一根稻草，讓我的情緒崩潰了。為了要不要馬上花錢請人來處理這件事，我和老公大吵一架，然後自己又躲在臥室裡大哭一場。事後，我自我省思，為什麼會這樣？從表面上來看，這件事的前因後果如圖 2 所示。

但事實上，這次的事件本身應該是中性的，沒有好壞之分，直到我加上自己的解讀。因此，前因後果改成圖 3 是不是更加合理呢？

在這個事件中，我感受到的情緒是「壓力大」。表面看來這種情緒來

事件

我家的樹被雷劈了

▼

想法

實在太倒楣，
請人處理需要大筆費用，
自己處理又太危險

▼

情緒

壓力大、崩潰

▼

行為

和老公發生爭吵，自己大哭一場

▼

結果

問題仍未解決，還影響夫妻關係和自己的心情

圖 3　導致我情緒崩潰的前因後果（轉變想法前）

自生活中發生的壓力事件，但實際上，這種情緒是我們人為所創造。換句話說，壓力並非完全來自生活中發生的事情，而是來自於我們的想法。面對同樣的壓力事件，不同的人反應可能完全不一樣，原因就在於想法的不同。

原來，當我在抱怨閃電、樹木、家人時，根本就是找錯對象，真正需要改變的並不是外界，而是我自己的想法。如果我認為自己的壓力都是外界或他人造成的，那麼我就是給予外界和他人過多的權力來影響甚至掌控我的生活。因此，面對同樣的事件，當我轉變想法之後，新的前因後果就變成如圖 4 所示。

面對同樣的壓力事件，想法改變之後，我的情緒、行為和結果也都有所改變。這時你可能會想：道理我都懂，也知道負面的想法不好，但就是無法說服自己轉換思維，那該怎麼辦？在這種情況下，先不要急著自責認為：「天啊，我怎麼能這麼想？這樣是不對的！」這就是自我責備，不但無法讓負面想法消失，反而會雪上加霜，讓我們更痛苦。

沒有人是完美的，只有自我疼惜和自我接納，才能讓我們真正地了解自己，與自己和解。哭訴、崩潰或者是悲觀地思考，都是可以的，都沒有關係。生命是流動的，保持覺察，保持自我關愛，一點點地經歷和嘗試就好。

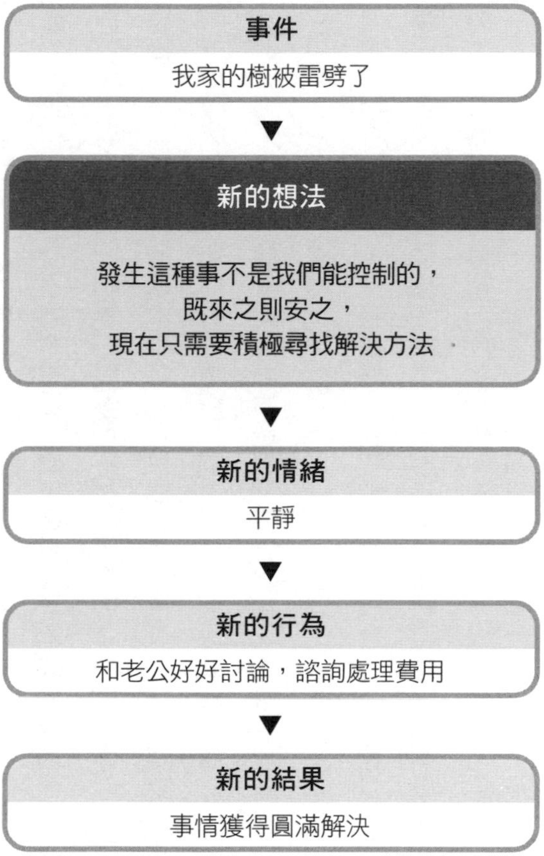
事件
我家的樹被雷劈了
新的想法
發生這種事不是我們能控制的，
既來之則安之，
現在只需要積極尋找解決方法
新的情緒
平靜
新的行為
和老公好好討論，諮詢處理費用
新的結果
事情獲得圓滿解決

圖 4　導致我情緒崩潰的前因後果（轉變想法後）

教練工具：情緒日記

布魯克．卡斯蒂洛創立的自我教練模型認為，事件（Circumstances）觸發想法（Thoughts），想法產生情緒（Feelings），情緒產生行為（Actions），行為決定結果（Results）。對相同事件有不同的想法，便可產生截然不同的情緒、行為和結果。因此，要管理負面情緒，取得正向的結果，需要從改變對事件的想法開始。

情緒日記是情緒教練的基本工具，可以寫在本子上，也可以記錄在電腦。當我面對有情緒困擾的客戶時，都會教他們書寫情緒日記。以CTFAR技巧將心中的情緒訴諸文字的過程本身就很療癒，也是一個梳理內心的過程。寫完之後，你會發現紛擾的內心平靜許多，也更有方向知道下一步該怎麼做。

下列的情緒日記範例，是我根據自我教練模型所設計的。情緒日記總共分為五欄：第一欄是事件（C），第二欄是想法（T），第三欄是情緒、行為和結果（FAR），第四欄是新的想法，第五欄是新的情緒、行為和結果。

- 情緒日記的第一欄是事件，要寫下發生了什麼事情，盡可能客觀、中立地描述，而不要加上自己的解讀。
- 第二欄中，要寫下你對事件的想法。要注意區分想法和情緒。

情緒日記範例

日期：

C｜事件｜請描述客觀事件，盡可能中立，不要評斷

我在路上和小潔打招呼，可是他沒有回應。

記下你對 C 欄位事件的想法。注意分辨想法與情緒，將想法記在 T 欄，情緒記在 F 欄

T｜想法｜	FAR｜情緒、行為和結果｜
我覺得小潔不在乎我。	情緒：我感到生氣、受傷 行為：我也不想理小潔了 結果：我和小潔的關係疏遠了

試著用一種「新的方式」來解讀 C 欄位的事件

T｜想法｜	FAR｜情緒、行為和結果｜
	情緒： 行為： 結果：

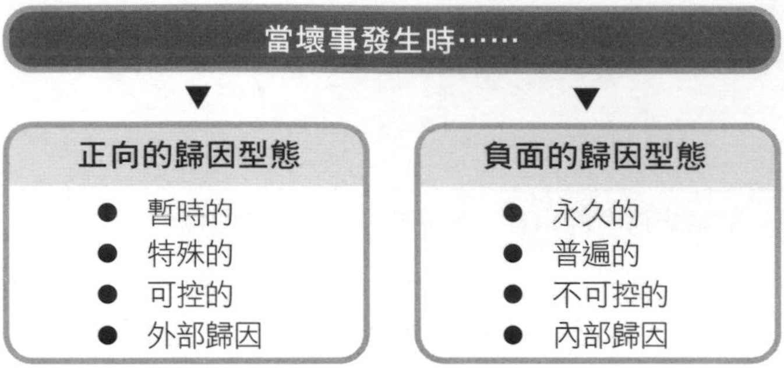

圖 5　歸因型態對照

- 第三欄中，除了情緒，還可以寫下你的行為和結果。

我們先來假設一個情景：你在路上走著，你的朋友小潔迎面走了過來，你興奮地跟他打招呼，可是他卻沒有回應。你的情緒日記前三欄可能如範例這樣寫。

在寫情緒日記時，想法（T，第二欄）對情緒管理是最重要的。情緒日記對我們最大的幫助，在於可以讓我們靜下心來評估想法的合理性。在這裡我們需要用到正向的解釋型態（explanatory style）。

什麼是正向的解釋型態呢？正向心理學認為，在我們對生活中發生的事情進行解釋時，可以有四個角度，分別是永久性、普遍性、可控性和個人化。當壞事發生時，如果你對壞事的解釋是**暫時的**、**特殊的**、**可控的**，並進行**外部歸因**，你的解釋型態就是正向的；反之，如果你對壞事的解釋是**永久的**、**普遍的**、**不可控的**，並進行**內部歸因**，你的解釋型態就是負面的，請參考圖 5 可以幫助你比較與理解。

回到剛才的例子，當小潔沒有和你打招呼時，你一開始的解釋型態是負面的，於是就傾向認為：

他以後也會這樣忽視你（永久的）；

他這樣做沒有什麼特殊的原因（普遍的）；

你不能做什麼來改變他的態度（不可控）；

你是一個不受歡迎的人（內部歸因）。

也就是說，當意識到自己出現負面的想法時，你可以先評估這個想法是否合理，然後有意識地訓練自己用正向的解釋型態來重新看待這件事。例如，你可以在「新的想法」一欄裡寫上：

我和小潔認識好多年了，這是他第一次不和我打招呼（暫時的）；

他那時候在和別人聊天，可能沒有看到我（特殊的）；

我可以改天約他吃飯，順便問問他那天有沒有看到我（可控的）；

沒有打招呼是他的行為，和我一點關係也沒有（外部歸因）。

在運用正向的解釋型態後，你的難過和氣惱可能就隨之煙消雲散啦！下面是加上第四、第五欄之後的情緒日記。

情緒日記範例

日期：

C | 事件 | 請描述客觀事件，盡可能中立，不要評斷

我在路上和小潔打招呼，可是他沒有回應。

記下你對 C 欄位事件的想法。注意分辨想法與情緒，將想法記在 T 欄，情緒記在 F 欄

T | 想法 |	**FAR** | 情緒、行為和結果 |
我覺得小潔不在乎我。	情緒：我感到生氣、受傷 行為：我也不想理小潔了 結果：我和小潔的關係疏遠了

試著用一種「**新的方式**」來解讀 C 欄位的事件

T | 想法 |	**FAR** | 情緒、行為和結果 |
小潔對我一直都很友善。他當時正在和別人聊天，可能沒有看到我。我改天可以約他吃飯，問問他那天有沒有看到我。再說，沒有打招呼是他的行為，不代表我哪裡做錯了。	情緒：我不再生氣了 行為：約小潔吃飯好好聊一聊 結果：我和小潔的感情還是跟以前一樣好

PART 2

五大教練思維

故事
Story

從前，有一個鐵匠，每天都很賣力工作，可是製造出來的鐵器卻很難賣掉，用過的人也都說不好用。這位鐵匠無法理解為什麼自己已經那麼努力了，生意卻不見起色，於是他向一位技藝精湛的老鐵匠請教。

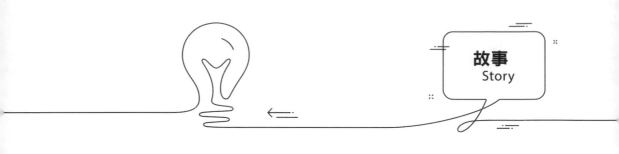

老鐵匠看了他打造的鐵器，再仔細檢視他用來鑄鐵的模型，淡淡地說：「模型做得不對，再怎麼努力也沒用啊！」

模型，就代表一個人的思維模式。如果你發現自己會一再地做出相同的選擇，犯同樣的錯誤，無論如何努力，似乎都逃不出過往的「命運」，其實就是思維模式的影響。這些舊有的思維模式，也許過去曾經保護你不受傷害，幫助你得到你想要的，但隨著你個人的成長，已經不再適用，反而限制了你的發展，甚至引發許多負面的想法和情緒。

從腦神經科學的角度而言，思維模式是大腦形成固定的神經迴路，特定的刺激就會引發特定的反應。但好消息是，大腦非常具有可塑性。若我們有意識地使用新的思維模式來代替舊有的思維模式，大腦就會形成新的神經迴路，讓人可以擁有更加正向的情緒、行為和結果。

在本篇章，我將詳細說明情緒教練的五大思維模式，幫助你打好基礎並提高情商，創造更多的正向情緒。

▸chapter 2

教練思維 1

point

向內聚焦，從改變自己開始

一個女人失戀了。兩個人在相處一段時間之後，男方覺得彼此不合適，決定結束這段感情。女人痛苦不已，經常失眠，工作時很難專心，一直沉溺在這段感情傷痛中，失去原來的自己。他很擔心自己會崩潰，因此尋求教練的協助，希望能夠好好調整自己的狀態。

在與教練的談話過程，他細數前男友的所有缺點，覺得對方冷酷無情，不懂得珍惜，並且虧欠自己。尤其是在分手一段時間之後，對方有了新的女友，他非常嫉妒卻又無可奈何。他沉浸在對對方的留戀、怨恨所交織的情緒中，一直走不出來。在某次教練會談時，他又再一次提起前男友的缺點和辜負他的地方。教練停頓了一下，問他這樣一個問題：「在這段失敗的感情中，你覺得自己要負什麼樣的責任？」

向外聚焦，讓人失去力量

在日常生活中，我們經常聽到這樣的話語：「同事那樣做讓我好生氣！」「都是因為小時候父母那樣對我，我才沒有安全感。」「要是能上更好的大學，我可能會比較快樂。」……這些都是向外聚焦的思維方式。

向外聚焦是指凡事從外界找原因，而不是從自身檢視。一個習慣向外聚焦的人，在遇到困難的時候，很難客觀地審視環境，不能承擔起自己應負的責任，而是把注意力放在缺乏建設性的情緒和行動，因此白白失去自己的力量，難以獲得真正的改變。

向外聚焦者批判的對象主要有兩種：一種是他人，一種是所處的客觀環境。

對他人的批判

對他人的批判是指不滿他人的行為，例如：你和同事共同負責一個專案，可是由於各種原因專案失敗，你們受到老闆的指責。這時你或許會感到氣惱，認為專案的失敗主因是同事的失誤，你甚至還會輕蔑同事的工作能力，認為自己比對方優秀。

問題在於，當你開始對同事有所批判時，即使你自認為掩飾得很好沒有表現出來，但對方仍然會有所感受，並以同樣的批判「回報」你，這正是許多人際關係發生衝突的起因。此外，把大部分問題歸結到別人身上，你也就失去自我成長的機會。因此，如果你能夠放下對他人的評判，試著正向地理解對方的意圖，並同時以不過分自卑和自責的狀態承擔起自己應有的責任，你就能成為一個更有力量的人。

對客觀環境的批判

對客觀環境的批判，是指批判已經發生的客觀事實或外部環境。例如：沒有進入理想的公司，只能將就到其他公司任職，因此對公司的一切人事物都不滿意，有了負面的想法，把一切歸因於公司，當然不會努力工作，考績自然也不會好。這時又告訴自己：「我發展有限都是因為公司太差，要是在一流的公司工作，我一定會更有工作動力。」由此可見，把自己的困境完全歸因於外界，就喪失自身成長的力量。從自身開始改變，尋找解決方法，才是走出困局的必經之路。

你在情緒方面成年了嗎

我們的負面情緒真的是他人或外界造成的嗎？其實並不是。如果你認為自己的負面情緒是由伴侶、父母或其他人所造成，那麼你就給了對方過多的權力影響或控制你的生活。同樣地，如果你認為你的負面情緒是由過去發生的事件所造成，你就會過度沉浸在過去的失敗與痛苦，而錯過了現在和未來。

第一章介紹了「自我教練模型」，說明客觀事件觸發想法，想法帶來情緒，情緒引發行為，行為造成結果。自我教練模型最大的啟發就是：**我的情緒並不是由外界所造成，而是由我自己的想法而決定。不管別人怎麼做，無論外界發生什麼事，我都可以經由管理自身的想法來管理自己的情緒。**當意識到這一點之後，你會覺得自己充滿力量，體驗到前所未有的自由。

有一個概念叫作「情緒成年」（Emotional Adulthood），是人生中較為成熟的發展階段，表示你完全對自己的情緒負責，而不歸咎於他人。

我和我先生在一起生活已經十幾年了。在談戀愛跟剛結婚的那兩年就像許多情侶和夫妻一樣，我們也經常發生衝突爭吵。每次吵完架，我都想讓他來哄我開心，如果他沒有這麼做，我的心情就會特別差，完全沒有心思工作或處理事情。那時候我把自己的喜怒哀樂綁在先生的身上，期待他來為我的負面情緒負責。

後來我才意識到，我為什麼要讓別人來決定我的心情？和老公吵架是事實，但我可以決定生氣，也可以決定不生氣，主動權應該在我自己手裡才對。我現在還記得，當時想清楚這點之後的感覺真好，因為我第一次覺得，這些問題是可以掌控的，可以由自己去調整和解決，我擁有在婚姻中掌控自己情緒的自由。當然，這個改變不是一朝一夕發生的，現在我和先生吵架後，有時還是會生氣、難過，但持續的時間已經沒有像以前那麼長了。有趣的是，自從我有所轉變之後，我先生也開始自覺地反省自己的行為，我們之間的爭執也就減少許多。我想，其中的祕訣就在於我的情緒成年，同時也帶動了對方的情緒成年。

情緒成年和一個人的生理年齡並沒有絕對的關聯，有的人年紀輕輕就懂得對自己的情緒負責，而有的人雖然已經年紀不小卻還是像一個情緒巨嬰。做成年人還是做巨嬰，如何選擇，相信你已經有了答案。

避免受害者心態

有受害者心態的人，會認為所有的壞事都發生在自己身上，諸事不順、情緒不好的原因都是外在環境、都是別人的錯。總之，自己非常倒楣，最值得同情，這是最讓人失去力量的思維模式之一。

在本章一開始的失戀女子，之所以一直深陷在過去的戀情中走不出來，是因為他把自己視為一個完完全全的受害者：當初戀情的開始是因為對方主動，分手是對方的錯，分手後對方有了新的女友，更是錯上加錯！正是因為受害者心態，他把自己的力量拱手讓人，把全部的精力用在譴責對方與自我憐憫，自然就沒有力量自我療癒，重新開始嶄新的人生。

幸好，在教練的協助下，他漸漸意識到感情是兩個人的事，自己在這段失敗的戀情中也有該負的責任。從此以後，他才慢慢走出自我憐憫和怨恨對方的漩渦，重拾原本屬於自己的力量。

有受害者心態的人喜歡自憐和抱怨，就好像遇到惡婆婆的小媳婦。小媳婦也許真的有受到委屈，一開始聽到他的遭遇時，大家都會同情，可是過多的抱怨，最後往往只剩下自己在自己的處境中不停繞圈，走不出困境。自憐是會讓人上癮的，也許能獲得暫時的快感，卻失去行動的能力，也就失去了讓情況變得更好的機會。

在我的教練工作中，也經常遇到類似的個案，只是他們的受害者心態可能更不容易察覺。例如，剛跳槽到新公司的威廉，曾向我抱怨過自己的同事，當他在工作上有點小失誤，對方就對他冷嘲熱諷，讓威廉覺得自己很沒用，不能勝任這份工作。他明明在前一家公司做得很好，主管、同事都很賞識他，可是不知道為什麼，在新的公司，威廉雖然很努力，卻總是會犯一些不該犯的錯誤。同事的鄙視讓他更緊張，就更容易出錯。他很氣憤，覺得自己被霸淩了，但是又無法用完美的工作表現證明對方是錯的。

威廉之所以在新工作總是犯一些小錯誤，並不是因為他的工作能力不好，而是因為他把自己當成受害者。當他因為同事的冷嘲熱諷而氣惱時，就是在把自己的力量拱手讓人，花費太多的精力在同事身上。如此一來，他就沒有多餘的力量來提升自己的工作表現。因此，解決之道還是在於向內聚焦。威廉需要把注意力，從同事的評價轉移到自己的工作，不把自己當作受害者，而是做好自己的工作，自然也就有提升工作表現的力量。

向內聚焦，掌握人生的主動權

博士畢業後一年，我的大兒子出生了，帶給我許多喜悅與挑戰。每天清晨天還沒亮，我就被孩子的哭聲叫醒，接下來就是一整天的餵奶、換尿布、哄睡、陪伴……一直忙到晚上孩子睡覺，日復一日。當時，我的教練生涯剛起步，每天需要花一定的時間學習和工作；而我的指導教授還在等著我把博士研究寫成論文發表。那段時間，我感到焦頭爛額，覺得自己是世界上最辛苦的人。

有一天，我見到博士班的同學，聊到博士期間的研究時，我向同學抱怨都畢業好久了，自己還沒有把論文發表出來，實在是因為太忙了，每天只有晚上孩子睡著後的一兩個小時屬於自己。這位同學沒有像其他聽我抱怨的朋友一樣同情地附和我，而是不解地問：「那你為什麼不用那一兩個小時來寫論文呢？」這句話彷彿為我打開了一扇窗，讓我感到醍醐灌頂。是啊，我並不是沒有時間寫論文，我完全可以利用每天晚上孩子睡覺後的一兩個小時來做這件事。根據自我應驗預言（self-fulfilling prophecy），如果我告訴自己沒有時間，那麼我就會千方百計地找各種理由來證明我真的沒有時間。相反地，如果我堅定地把寫論文作為我的目標，那麼我自然也會排除萬難，找出時間來做這件事。同學的話給了我力量，之後我就開始利用晚上的時間寫論文，每天向前推進一點點，終於，我的論文發表了。這就是一種向內聚焦的思維方式：不抱怨外界，而是從自己身上尋找改變的可能，掌握人生的主動權。

教練練習：向內聚焦的思維模式

❶當陷入向外聚焦的思維時，及時察覺並喊停

每個人在生活中都會遇到困難和痛苦，這是人生的一部分。然而，當你覺察到自己深陷在負面情緒走出不來的時候，就要警覺了，檢視自己是否陷入受害者心態，或過於沉迷於批判他人和外界，而沒有從改變自身做起。

下列的描述，有符合你的情況嗎？

- 確信自己比別人更不幸。
- 經常向朋友、家人抱怨。
- 每天花許多時間沉浸在負面的想法和情緒中。
- 非常氣惱或怨恨別人的行為，覺得自己的痛苦都是他人造成的。
- 不滿意自己現在的環境，即使這個環境並非你所能控制的。
- 總是想：「要是……就好了，我就會更好更快樂。」
- 想不到有什麼值得感恩的事情。
- 覺得很無助，不知道自己可以做些什麼來改變現狀。

如果以上有超過一項或多項描述符合你的情況，那麼你很有可能正處於向外聚焦的思維模式中。你需要及時向自己喊「停」，因為這樣的思維模式，不只無法幫助你走出現狀，還會讓你的感覺更差。

❷轉變對客觀事件的想法

根據自我教練模型，在同樣的客觀情況下，不同的想法和解讀，會造成不同的情緒和行為反應。當你察覺到自己正處於向外聚焦的思維模式時，可以進一步思考自己內心的想法是什麼？這些想法是如何造成向外聚焦？還可以創造哪些新的、向內聚焦的想法？

是的，要轉變想法並不容易。你可以把這當作一項自我成長的刻意練習，不斷嘗試。一段時間後，你一定會看到自己的轉變。

❸在現有基礎上，看看可以做些什麼

向內聚焦不只代表新的想法，也代表會有新的行動。在接納現有情況的基礎上，你還可以積極地尋找解決方法，採取行動來改善現狀。

俗話說：「天無絕人之路。」無論情況多麼惡劣，一定可以找到一些自己能做的事情，讓情況往好的方向轉變。因為每個人都是有內在的能量和潛力，就像樹木擁有向上生長的力量。把「我不行」轉變成「我可以」，把「我是受害者」轉變成「我是掌控者」，勇敢地行動，就能夠擁有向內聚焦的思維模式。

chapter 3

教練思維 2

point

接納無法掌控的事，關注現在和未來

安雅任職於一家步調很快的顧問公司，工作模式採專案制，每位員工的表現都會在專案結束時評分，分數高的人可以優先挑選喜歡的專案，而分數低的人則沒有挑選的自由，還可能面臨沒專案可做的困境，甚至有被辭退的危機。因此，自從到這家公司之後，安雅非常努力，經常加班到很晚，可是幾個專案做下來，分數都不夠理想，他既沮喪又焦慮。中秋節前夕，安雅參與一個新專案，他非常開心，因為專案主管答應讓他負責建模的部分，而這部分剛好是他很感興趣、想要學習的內容。他本來計畫中秋連假要回家跟家人團聚，可是為了能在這個專案中取得好成績，他放棄休假，決定加班為建模工作做準備。

可是沒想到假期結束後，主管卻指派另一位同事來負責建模的工作，而派給安雅別的工作項目。安雅非常難過和失望，覺得自己之前付出的所有努力都沒有意義了。

我的事、他的事、老天的事

不可否認，人生充滿了各式各樣的挫折和磨練。如何看待和處理挫折，在很大程度上決定了一個人的快樂與否。

史蒂芬・柯維（Stephen R. Covey）在《與成功有約》（*The 7 Habits of Highly Effective People*）一書中，提出了「關注圈／影響圈」的概念。「關注圈」是指一個人關注範圍的事件，而「影響圈」則是「關注圈」內可以被個人行為所影響的事件，後來有人又加入「控制圈」的概念（參考圖6）。「控制圈」比「影響圈」更小，兩者的差異在於，「控制圈」中的事件是完全可由個體所控制，而「影響圈」中的事件則是可以經由個人而影響，但不能被完全控制。

「控制圈／影響圈／關注圈」的概念，在張德芬《遇見未知的自己》一書中形容為：我的事、他的事和老天的事。「我的事」可以被我全權掌控、「他的事」只能被我部分影響、「老天的事」則是任何人都無能為力。

高情商者的重要思維之一，就是把時間和能量花在那些可以被自己掌控和影響的事情，而不對無法掌控的事情抱有執念，這樣就不會白白浪費精力，也不會讓自己的情緒受到無法掌控事件的影響。

以安雅為例，他可以掌控的是自己在新專案投入多少時間和精力，以及如何與主管有效地溝通。主管最後把原本答應給他的工作給了別人，很遺憾，這件事是他無法完全掌控的，因為這可能取決於許多其他的因素，如：主管的個人想法、公司政策、專案實際需求等等。

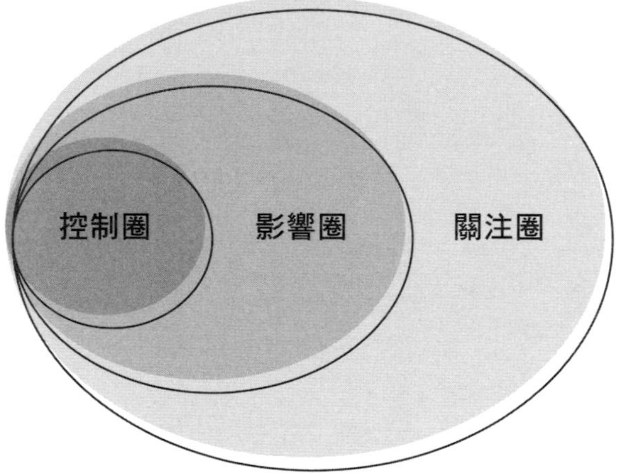

圖6　控制圈、影響圈和關注圈

當得知原本屬於自己的工作被其他人取代時，安雅覺得沮喪和失望，認為自己的努力失去了意義。這些情緒的根源，就在於他把這件事看成「我的事」，而事實上這卻是「他的事」。如果能夠意識到這點，就可以更清楚接下來該如何處理。當然，在實際生活中，有時在面對問題的當下，到底是屬於我的事、他的事還是老天的事，並不是那麼一目了然，往往要發生一段時間後，才會恍然大悟。然而，能夠準確判斷，卻是重要的人生智慧。

想要掌控一切，是許多痛苦的根源

對於許多人而言，成功的人生代表全盤計畫和掌控。他們的人生哲學是：只要我夠努力，做正確的事，就能掌控自己的人生，獲得成功和幸福。而事實上，這只是一個錯覺，因為生活不可能完全受到掌控，這就是控制的錯覺（the Illusion of Control）。

小文是我的情緒教練客戶，他最近非常心浮氣躁，因為他的主管突然說半年之後可能不再和他續約。小文趕緊應徵另一間公司，好在這間公司想雇用他，只是新公司的職務簽核需要數個月的流程，在走完流程之前，一切都沒有定論。

一段時間過去了，小文覺得愈來愈焦慮，他每天都花很多時間揣測新公司對自己的想法，擔心自己是否言行舉止有誤，讓對方改變主意，收回工作邀約。他想催促對方加快簽核進度，又擔心造成不好的印象。正是因為把大量的精力花在揣測與糾結，導致他工作時經常心不在焉，現在的主管對他愈來愈不滿意，甚至揚言要提前解除合約。

很顯然地，小文把過多的精力放在「控制圈」之外，卻忽視原本應該著重付出努力的「控制圈」之內的事。新工作何時可以走完流程，不是小文所能控制的，但做好現在的工作以及應徵其他公司，卻是他可以掌握的。

想要控制那些本來無法被掌控的事，是痛苦的根源，也是許多負面情緒的源頭。首先，過分掌控往往徒勞無功，白白浪費時間和精力。掌控者喜歡把所有的事情都牢牢抓在手上，但問題在於，許多人事物是無法被掌控的。因此，掌控者很難獲得自己想要的結果，只會把自己弄得疲憊不堪。其次，由於許多事情正是處於「控制圈」之外，過分掌控會帶來過多的焦慮。而諷刺的是，許多人一開始想要掌控的原因，正是為了減輕焦慮，因為擔心事情不能如己所願，因此必須掌控每一個環節，才能感到放心。

最後，過分掌控往往是以犧牲人際關係為代價。沒有人願意與控制狂相處，因為這會讓人感到自己不被信任。如果一位經理事無大小什麼都要管，下屬就很容易失去向心力，團隊士氣受到影響，也會大幅降低工作效率。

承認有些事情無法掌控，是人生的智慧

在第二章我提到「向內聚焦」的思維模式，鼓勵大家掌握人生的主動權，不抱怨外部環境，從自己開始改變，而在這裡我又說不要過分掌控。這兩個觀點互相矛盾嗎？其實並不矛盾，兩者更像是一體兩面。

控制點理論（Locus of Control）把人大致分為內控者（Internal Locus）和外控者（External locus）兩類。內控者相信自己的行為能夠完全決定結果，而外控者則認為絕大部分的結果取決於外部因素，較少由自身行為決定。一般來說，大眾較偏好內控者，認為這些人更加努力上進，為自己的命運負責；事實上，相較於外控者，內控者也確實更加健康和成功。但是，就像我剛才所提到的，一個人如果過於想要掌控而忽視外界的影響，就更容易焦慮，也難有和諧的人際關係。

因此，更健康的思維模式是將內控與外控結合起來，也就是雙控（Bi-local）。雙控者在自己可以控制和影響的領域努力做到最好，但也願意承認某些事情是無法被自己所掌控，可以尋求外界和他人的幫助，當事情超出掌控時，也懂得放手。由此可知，雙控是更加平衡的

思維方式，也是一種人生智慧。

面對挫折，選擇接納或改變

讓我們回到安雅的例子，經理原本承諾讓安雅在新專案中負責建模的工作，他也積極地為此做準備，甚至犧牲休假時間。可是最後這項工作卻指派給其他同事，任何人面對這樣的情況都會感到失望和沮喪。可是，若安雅沉浸在這種情緒無法自拔，影響到後續的工作，甚至是和經理、同事之間的關係，這樣對自己沒有任何的益處。

在這種情況下，安雅可以選擇「接納」或「改變」這兩種更加健康的處理方式。如果安雅選擇接納，那麼他可以告訴自己：「我已經盡力了，發生這樣的事情不是我能控制的。在這個專案中，雖然我不能做建模的工作，但我還是可以做好我負責的工作，向經理證明我的能力，得到高評分。這樣下次我就有選擇專案的自由。」如此一來，安雅可以重建良好的心態，感受到內心的平和與鬥志。

如果安雅選擇改變，那也很好。他可以問問自己：「如果我不想接受這樣的安排，那麼我可以做些什麼來改變？」或許可以和經理聊聊，了解這個決定背後的原因，同時說出自己的感受，看能否讓經理改變決定。或許還可以和負責建模的同事商量是否能夠共同負責這項工作，這樣他仍然可以從中學到建模的方法，增強自己的專業技能。當安雅開始積極地尋找改變的方法時，就能跳脫負面情緒的漩渦，擁有更加正面的心態。

接著，我們來談談接納和改變這兩種處理方式。

接納

接納並非消極地逆來順受，而是一種積極豁達的人生態度，包括以下兩個方面。

⑴接納客觀環境和短期內無法改變的事。

我們經常聽到這樣的抱怨：「只有當……（特定條件被滿足）的時候，我才可能……（快樂、幸福等正面情緒）。」例如，「只有賺到足夠的錢，我才有安全感。」「只有長得漂亮，我才會幸福。」「只有問題消失，我才能夠快樂。」事實上，這些完全都是謊言，因為安全感、幸福、快樂這些情緒不是取決於外界，而是來自自身的想法。如果你相信那些話，不願意接受客觀環境以及那些短期內無法改變的事，那麼就必然會經歷許多不必要的負面情緒。

因此，接納代表不再為周遭環境和自己無法改變的事情煩惱，而是擁有更加平和的心態。

⑵接納過去發生的事。

時光機只存在於科幻故事中，在現實世界，過去的就是過去了，即使你再後悔或不喜歡，都不可能改變。因此，高情商的人懂得接納自己的過去。

我有一位三十多歲的女性客戶，大學入學考已經是十多年的事情了，但是他一直沒有走出入學考失利的陰影。他後悔高中時沒有盡全力好好讀書，埋怨做小生意的父母當時沒有提供好的學習環境。這麼多年來他做著自己不喜歡的工作，從未停止想像：「如果我當時考上理想的大學，現在的人生會有怎樣的不同？」

他的問題就在於沒有接納自己的過去。有一句話說得很好：「不管過去發生什麼事，都要接受它，就像你當初主動選擇了它一樣。」這聽起來很不合常理，畢竟沒有人真的會想要選擇失敗，但其實這句話的真正含義是：過去的事情已經發生，不可能改變，因此不如允許它發生。如果這位女性客戶懂得自我接納，那麼他就會允許自己大學入學考沒有考好，不再和過去的自己討價還價。接納就是不後悔、不自責，幫助自己把用來自我攻擊的能量釋放出來，用在當下更重要的事情中。幸好，現在的他已經懂得接納過去，他決定報考碩士在職專班，圓自己的名校夢。

接納過去，也包括接納自己的原生家庭。每個人幾乎都會受到原生家庭的重大影響，甚至或多或少都會有來自原生家庭的困擾或傷痛，我們該如何面對原生家庭帶來的困擾呢？

首先，不要把自己視為原生家庭的受害者。受害者會認為自己所有的不幸，都是原生家庭的錯。有這種受害者心態的人，肯定會埋怨父母，和父母的關係愈來愈差，進入惡性循環。而且，當我們把所有的問題都歸咎於父母時，也無可避免地失去了自己的力量，整個人會變得負面消極，有些人甚至故意不好好過自己的人生，藉此作為對父母的「報復」，但是這樣做的結果，傷害最深的還是自己。

許多研究顯示，原生家庭確實會為人格塑造和發展帶來重大的影響。但是，要說「原生家庭是一切痛苦的根源」也並非如此。追溯原生家庭的影響不是為了埋怨父母與推卸責任，而是為了完全地接納自己的過去，然後整裝上陣。原生家庭不是自己可以選擇的，過去也不可改變，但從現在開始，你可以選擇自己的人生方向，塑造自己想要的未來。

改變

教練會談與心理諮商的差異在於，教練不太著重挖掘一個人的過去，不深究問題產生的歷史根源，而是著眼於當下可以做些什麼以及想要達到什麼樣的未來。當一個人面對困境、深陷於負面情緒時，教練經常會問這樣的問題：「既然不喜歡現在的狀態，為什麼還要繼續？該如何做出改變？」

以安雅為例，當他將思維從「抱怨」轉向「改變」的時候，他的心態就發生正向的轉變，他重新拿回自己人生的主導權。之前他將大量的能量白白用在自我攻擊與抱怨等負面情緒，把自己弄得疲憊不堪。而現在他把能量收回，用在更有建設性的事情，如：跟老闆與同事溝通，更有策略性地工作等，他也體會到更多正向的情緒。

根據自我教練模型，任何行為上的改變都源自於想法的轉變。面對逆境時，高情商者與低情商者最大的差異，是高情商者相信任何不好的事情都能轉變成未來的好事或財富。希爾札德・查敏（Shirzad Chamine）在《PQ・正向智商》（*Positive Intelligence*）中指出了逆境中可能蘊含的三種財富。

(1)知識。面對逆境時，高情商者會思考自己從中學習到什麼，如何記取經驗與教訓，並且加以運用讓未來能夠做得更好。

(2)力量。把遭遇到的困難想像成健身房的器材，為了成功舉重，你最需要鍛鍊哪個部分的肌肉？當克服困難之後，你在哪方面變得更有力量了？這份力量還可以運用在哪些生活領域？有時候在生活中單一面向的突破，往往能夠帶動其他面向的改善，讓人更加有韌性。

(3)啟發。逆境會激勵人去做一些在一帆風順時不會做的事。這些事情也許與逆境直接相關或無關，但如果沒有這件壞事的發生，就沒有機會去做這件事，也就不會有隨此事而來的成長與逆襲。

知識、力量、啟發，在任何逆境中，都可能蘊含這三種珍貴的寶藏，你只需要一雙善於發現的眼睛，抱著正向的心態審視現狀，而不是放縱自己沉浸在負面情緒之中。所有事情都是一體兩面，當壞事發生時，如果你認定這件事真的很糟糕，沒有任何一點點地好，那麼事情的發展可能真的會如你所想地變得更糟糕。反之，如果你能看到壞事中透出的曙光，往正面的方向思考，並願意為改變現狀而努力，那麼事情也會朝著你想要的方向發展，這就是自我應驗預言。

教練練習：接納無法掌控的事，關注現在和未來

❶察覺自己正為無法掌控的事情煩惱時，需要及時停止

你可以定期回顧生活中發生的事情，並分別歸類到「控制圈／影響圈／關注圈」。當你察覺到自己正在為「控制圈」之外的事情煩惱時，就需要及時停止，因為這只會為你的生活帶來困擾，很難為現況帶來幫助。

如何知道自己是否處於過分掌控的狀態？以下的表現行為或許可以協助判斷：

- 不信任其他人做的事，寧願親自動手。
- 不願意尋求他人的協助。
- 覺得很累，因為花了許多精力在自己的思緒與負面情緒中打轉。
- 希望別人能做你認為正確的事，即使對方並不認同。
- 經常為過去發生的事情感到後悔。
- 會不由自主地想：如果過去做了另外一件事，會帶來怎樣不同的結果。
- 犯錯之後，會在腦海中一遍遍地重演。
- 對目前的大環境不滿，常常抱怨。

如果以上描述符合你的情況，那麼你需要及時停止。這些都屬於無法掌控的事，與其把能量白白地浪費，不如放下這些包袱，讓自己輕裝前行。

❷遇到困境，選擇接納或改變

接納和改變是面對困境時比較健康的兩種處理方式。接納能夠讓你的心態變得平和，而改變能讓你充滿能量和鬥志。最壞的處理方式，就是不願意接納，也不願意設法改變，只是原地抱怨。因此，下次當你面對困難時，不妨試著選擇接納或改變，然後觀察自己情緒的轉變。

chapter 4

教練思維 3

point

人不是因為優秀才自信，而是因為自信而優秀

子傑快要從碩士班畢業了，班上同學都已經開始找工作，他卻每天渾渾噩噩，連履歷都還沒有開始寫。雖然他心裡很著急，卻總是提不起勁，不知道問題出在哪裡，於是來尋求我的協助。

在談話的過程，子傑意識到自己缺乏行動力的原因，正是因為沒有自信。大學的時候，他曾經申請過實習生的工作，但由於性格內向，不善於表達自己，於是在集體

面試時被刷了下來。這讓他形成一個限制性信念——「我的面試能力不行」，因此，也讓他對於找工作缺乏動力。如果不是透過這樣的覺察，他根本沒有意識到，原來缺乏自信會對找工作帶來這麼大的負面影響。

於是我問他：「如果你有強大的自信，會發生什麼改變？」他的眼睛亮了起來：「如果我有自信，那就不會害怕面試，現在可能會有許多就職的機會。」經過一段時間的教練會談，子傑變得愈來愈有自信，也找到了理想的工作。

正視自己缺乏自信的原因

在我的教練會談過程，發現許多人的問題看似毫不相干，但最後都可以追溯到「缺乏自信」這個源頭。

- 覺得自己不夠好看、不夠聰明、沒有錢或沒有人緣。
- 對外界的批評很敏感，卻對他人的讚美充耳不聞。
- 經常在猶豫不決中失去機會。

- 總是小心翼翼，害怕犯錯。
- 如果不是百分之百確定能成功完成的事，就不會去做。
- 很少主動與人互動，擔心沒有話說。
- 常常懷疑自己的做法是否正確，想要聽聽別人的意見。
- 內心有聲音告訴自己：你不夠好，你做不到。
- 一旦犯了一點錯，很容易就一蹶不振。
- 不敢追求自己的夢想，因為害怕失敗。

如果你正在為不夠自信而煩惱，或許會很想知道自己為什麼會這麼沒自信。我曾接觸過不少缺乏自信的人，整體而言，這些人不夠自信的原因，主要有以下四點。

❶自卑情結的折磨

造成缺乏自信最常見的原因，就是覺得自己不夠優秀。會引起自卑的因素實在是太多了：對外型不滿意、不喜歡自己的個性、自覺家庭環境背景不好、不夠有成就、沒有朋友、沒有對象……所有你想得到或是想不到的因素，都可能成為一個人沒有自信的理由。

事實上，即使是在世人眼中已經是非常優秀的人，也有可能覺得自己不夠好。據說超模吉賽兒・邦臣（Gisele Bündchen）在青少年時期就曾因為自己的身高太高而感到自卑，許多名人都曾在自傳中，提到自己的自卑心理。

個體心理學之父阿德勒（Alfred Adler）曾經說過：「人類的文化都是以自卑感為基礎。」他認為自卑感是人類前進的動力，使人努力和進步，彌補自己與他人的差距。然而，過度的自卑卻會導致「自卑情結」，把自認為的缺點當作藉口，因此放棄努力嘗試的可能，這種自卑情結百害而無一利，也是我們在書中會討論的重點。

❷人際關係的困擾

阿德勒個體心理學認為，所有煩惱都是人際關係的煩惱，自卑感也不例外。人會缺乏自信往往都是來自於比較。你或許也有這樣的經驗，本來心情還不錯，但在社群軟體看到朋友A去國外度假了，朋友B在秀健身時的好身材，馬上意識到自己好久沒度假、也懶於健身的事實，於是產生自卑感。

為什麼人際關係會對一個人的自信心造成影響呢？這是因為在人際關係中，我們難免會在意別人的看法，於是放棄了真實的自己，不再聆聽自己內心的聲音，而按照別人的期待而活。例如：一位圖書館管理員雖然收入不高，但自己覺得做得很開心，但是父母卻認為他應該去找收入更好的工作，因此每次見面都要嘮叨幾句，久而久之，他也不禁懷疑起自己的能力和選擇，自信感也就愈來愈低。

事實上，每個人生活在這個世界上，都有自己獨特的價值，而自信就來自於真心地相信自己的價值。

❸原生家庭和過去經驗的影響

過於強勢的父母，經常會養出缺乏自信的孩子。強勢的父母要求孩子必須依照他們的意願生活，否則就會加以懲罰。久而久之，孩子就失去獨立思考的能力，壓抑自己的天性，不敢表達自己真實的心聲。除此之外，一個人在成長過程若曾遭受重大的挫折或虐待，這些痛苦的記憶，也很容易對現在的生活產生負面影響，使人感到羞愧並且覺得自己不夠有價值。

雖然，人無法選擇父母，也無法改變過去，但這並不代表一個人的未來就沒有希望。每個人都可以選擇如何看待過去的經驗，並賦予新的意義，進一步掌握現在和未來。

❹限制性信念的禁錮

每個人心中都有既定的信念和想法，這些信念在人生某個階段曾經幫助或保護了我們，但隨著人生境遇的變化，已經不再適用，可是我們卻沒有做出相對應的調整，於是這些舊有的信念就成了限制性信念。限制性信念就像深埋在地面下的樹根，雖然很難被看見，卻支撐著地面上的樹木枝幹，也就是我們的情緒、行為和結果。

我有一位就讀大一的客戶，他對於人際關係感到非常困擾，覺得自己很難融入團體，他說自己在小學、中學階段也曾有過類似的煩惱。經過教練會談，他意識到自己有一個「我不屬於這裡」的限制性信念。追根究柢，這是因為他在小學時曾經轉學，當時在新環境有很長一段時間都難以適應，因而產生「我不屬於這裡」的想法。慢慢地，這個想法變得根深蒂固，雖然情境早已發生變化，但仍影響他之後的團體生活。

找到你的限制性信念，並用正向的信念去替代限制性想法，可以讓你變得更自信。

自信是可以培養的能力

許多人曾經問我：「那些優秀的人才有條件擁有自信，我什麼都沒有，如何建立自信心？」

事實並非如此，即使一個人先天條件不好、能力不足或是正處於逆境之中，仍然可以擁有自信。**自信的真正定義，是一個人願意為了達成期待的目標而付出努力，即使面對逆境也在所不惜。**正因如此，人才能不斷超越自我，換句話說，一個人並不是因為優秀才自信，而是因為自信而優秀。

有些人或許會認為，人的自信似乎就是與生俱來的天性，但其實並非如此，雖然某些與自信相關的神經傳導物質（如與快樂有關的血清素）確實受到基因的影響，但這只是占比非常小的因素。一個人是否有自信，主要還是取決於是否了解讓自己變得更加自信的方法，並持之以恆地實踐。

以我自己的親身經驗來說，過去的我並不是一個有自信的人，從小到大，別人對我的評價往往是有愛心、溫柔、平和，但從沒有人用「自信」來形容我。記得剛上大學的時候，同學說我的聲音很好聽，鼓勵我去參加學校的廣播社。可是面試的時候，我實在太緊張了，聲音顫抖而且小聲到幾乎聽不見，可想而知，我被廣播社拒絕了。那次經驗給我不小的打擊，我再也沒有勇氣申請社團，因此大學四年都沒有參加任何社團。那時我有一位很敬愛的老師，可是在校園遇到那位老師時，我不但不敢主動打招呼，還想偷偷溜走，因為我覺得老師一定不認得我。大學時，我選擇主修心理系，其中一個原因就是希望能更加了解自己：為什麼我會這麼沒有自信？

當時那些年，我一直在心理學領域探索，上了許多課，看了無數本相關的書籍，也接受過諮商師、心理教練的輔導。我不敢說現在的我是個非常有自信的人，但確實比過去好很多。我開始真心相信自己是有價值的，我學會更加勇敢地說出自己的想法，遇到機會來臨時，也更願意「厚著臉皮」嘗試。事實上，離開學校之後，我參加過許多場面試，有些成功、有些失敗。但結果並不重要，重要的是我不再因為失敗而否定自己，而是把失敗經驗當作成長的機會。

當然，有時候在狀態低靡時，自卑感還是偶爾會襲擊我，但我已經知道如何應對，可以很快地調整到更好的狀態。之所以在這裡分享我的故事，是因為我想讓你知道，**「自卑」並**

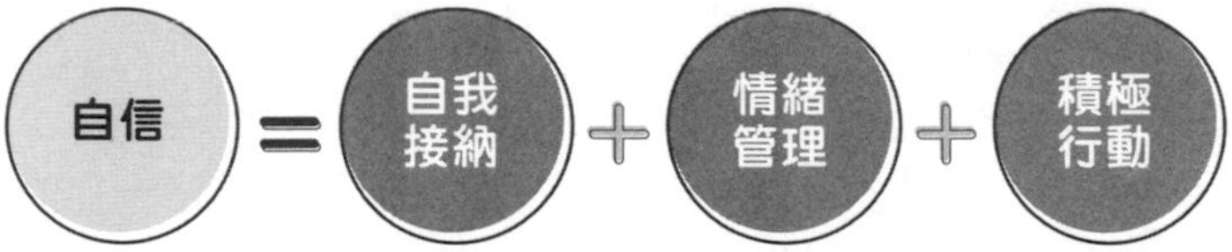

圖7　自信公式

非固定不變的人格特質，而是可以經由學習和刻意練習獲得改善。經過一段時間的努力，我可以做到，相信你也可以！

自信公式：自信＝自我接納＋情緒管理＋積極行動

一個人需要擁有哪些特質才能夠擁有自信？我想用「自信公式」解答，自信包含三個要素：(1)自我接納；(2)情緒管理；(3)積極行動。這三個要素是循序漸進，並且缺一不可，對於建立自信非常重要。

自我接納：接受此時此刻的自己

在這個世界上，不喜歡自己的人實在太多了，但是自我接納卻是建立自信重要的第一步。作為一名教練，我曾經接觸過許多沒有自信的人，他們的對自我的評價非常低，只看到自己的所有缺點，而看不到自己的任何優點。如果你指出他們做得好的地方，他們也不相信，很難坦然接受別人的誇獎，看得出來其實他們並不快樂。面對這樣的人，我第一步都是教他們學會自我接納。

希爾札德．查敏在他的正向力課程中，曾經提到自己為一百多位執行長和公司高階主管舉辦教育訓練。這些人都是所謂的成功人士，看起來非常有自信。在教育訓練的過程，他要求每個人在卡片上匿名寫下自己內心真實的感受，結果這些卡片上都寫了什麼呢？

「我是個騙子，其實我非常擔心公司會毀在我手上。」

「我的個性太差，沒什麼朋友，感覺很孤獨。」

「我是個不稱職的爸爸，不知道要怎樣和自己唯一的兒子溝通。」

「我有酗酒的習慣，只是為了讓自己好過一點。」

……

這些話語真的讓人很有感觸，即使再成功的人，都有可能不夠接納自我，導致產生相關的情緒困擾。

那麼，什麼是自我接納呢？**自我接納就是接受此時此刻的自己，相信當下的自己已經夠好了，百分之百值得擁有美好的事物，百分之百值得被愛。**

也許，小時候有人誇獎你，父母就會第一時間跳出來「謙虛」地反駁：「他還不夠好！」然後再一一細數你的缺點，因此不知不覺你就把這些話內化為自己內心的想法，每當獲得一點成就時，心裡就會有個聲音跳出來說：「你還不夠好！」這就是不夠接納自己的表現。

無法自我接納的人，很容易會有冒牌者症候群（Impostor Syndrome）的現象，會對自己的成功心存懷疑，認為自己只是個冒牌貨，成功全都是僥倖。但是，如果是一個自我接納的人，就能夠看到自己的優點，並且坦然地接受別人的讚揚，因為他知道自己絕對值得這些正面評價；同時，他們也能夠坦誠面對自己的缺點，即使有些事情做得不夠好也不會過分糾結。他們更願意把時間用在創造有意義的事，而不是浪費在自責、後悔與自我攻擊。自我接納的人能夠了解：沒有人是完美的，每個人活在世界上，都有自己獨特的價值。

或許有些人會認為，人生不就是以對自己的不滿為動力，然後不斷求進步嗎？其實，接納是指一個人接受自己原本現實的狀態，不自我批判，但這並不表示即使現況很糟糕也不做出改變或得過且過。事實上，只有當你全然接納真正的自己，坦然接受所有的優缺點，你才有真正改變的力量。

自我接納不是自戀，你的接納是源自於相信自身的價值，而非來自與他人的比較。你相信即使每個人的外表、背景、能力各有不同，但每個人都是平等而有自己的價值。自我接納也不是盲目的自信，不是明明做不到卻說「我可以」，自我接納的人能夠誠實地接受自己做不到的部分，並以此為目標補強自己。

當一切順利時，自我接納並不困難，難的是在逆境中仍關愛自己。人在陷入困境與壓力時，難免會陷入自責而無法自我接納，但我想說的是，接納自己、愛自己不需要理由，也不需要附加條件。確實，自我接納對許多人而言都不容易，但只要多加練習，一定能養成自我接納的思考習慣，以下是我對加強自我接納能力的四個建議。

❶接受不可改變的事物

在第三章曾提到接受無法掌控的事，這一點對於自我接納也非常重要。哪些事物無法改變？包括你的過去、別人的行為，以及你生命中無法立即獲得改善的事實。

如果你正在為過去發生的事後悔，為別人對你做錯的事而生氣或是覺得當下的自己不夠好，請立刻問問自己：「我所煩惱的事可以改變嗎？如果可以，可以馬上改變嗎？」如果兩個答案都是否定的，那麼就選擇接納。接納之後，你就會擁有改變的勇氣。

❷選擇自我接納的話語

以前，我做錯一件事、說錯一句話，都會在腦海中「回味」好久，愈想愈難受。自從懂得自我接納，我學會在做錯事之後告訴自己：

- 與其在這裡自我懊悔，不如選擇原諒自己，想想要如何彌補錯誤。
- 沒有人是完美的，只要是人就會犯錯。
- 天又沒塌下來，看看我從這件事學到了什麼？

我也喜歡自我接納的話語，當覺得自己一無是處、生活一團糟的時候，輕輕地告訴自己：

- 當下的我，沒有搞砸任何事。
- 我已經很努力了。
- 當下的我已經夠好了。
- 對自己溫柔一點。

這些自我接納的話語就是積極正向的自我暗示，能夠幫助你慢慢地改變過去自我否定的思維慣性，養成新的習慣。你可以選擇一、兩句自己喜歡的話，當作自己的「魔法咒語」，意識到自己「不夠」自我接納的時候，可以默念「魔法咒語」來提醒自己。需要注意的是，過於空泛的話語，如「我是最棒的」，對自我接納並沒有多大幫助。你必須真心相信這句話，才能達到有效的提醒。

❸自我疼惜

自我疼惜是指一個人在遭受挫敗與痛苦時，仍對自己保有關愛和同情。克莉絲汀・娜芙博士認為，自我疼惜對自我接納非常重要。要做到自我疼惜，首先要有覺察的能力，當意識到自己正在遭受痛苦時，最不該做的就是繼續自我責備。你可以把自己想像成是一位深陷痛苦的好朋友，你會對他說：「沒有關係，你沒有搞砸任何事，沒有人是完美的。好好休息，明天又是新的一天。」

自我疼惜也代表，作為人類，這些你所面對的困惑和痛苦，許多人都跟你一樣有類似的煩惱，你並不孤獨。想到這些，你是否會覺得好受一點呢？

❹看到自己的長處和優勢

加強自我接納能力的最後一個要點，就是看到自己的長處和優勢。世界上沒有十全十美的人，也沒有一無是處的人。幸福不在於持續改掉自己的缺點，而是在於發現自己的長處和優勢，並且能有所發揮。想要找到自己的優勢，可以思考下列的問題：

- 我覺得自己哪個方面做得還不錯？
- 我曾聽過哪些讚美？
- 我曾經接受哪些挑戰？

• 我負責什麼重要的職責？我曾完成什麼工作項目，做得還不錯？

情緒管理：即使覺得緊張和焦慮，仍願意嘗試

情緒管理是自信公式的第二步，或許你會想，這兩者之間有什麼關係？我以下面兩個人的發生的事情為例。

小清非常害怕在很多人面前說話，他擔心說錯話會顯得自己很笨。每次需要在主管與同事面前報告時，他都想辦法推辭，因此錯過許多自我表現的機會。他之所以沒有自信面對人群說話，源自於他對焦慮、難為情的情緒逃避。

小克是大學新生，在新環境時常感到孤單，因為害怕被人拒絕也不好意思主動找同學一起吃飯上課。他在人際關係的沒有自信，源自於想要避免尷尬、自卑的情緒。

以上兩個例子的共同點，就在於當事人為了要避免某些負面情緒，就不去做那些可能對自己有益的事情，因此缺乏自信。如果小清和小克允許自己體驗那些焦慮、尷尬的感受，明白那只是情緒，是身體能量的振動，並不會對自己產生實質性的影響，那麼他們就不會為了逃避這些負面情緒而讓自己裹足不前，而會更加勇敢地去做自己想做的事，變得更加自信。

我知道這聽起來簡單，做起來卻不容易。要如何與負面情緒和平共處，並經由情緒管理

來提升自信？我想提出下列四點建議。

❶負面情緒是人生的必然

我們在感受焦慮、憂鬱等負面情緒時，難免會覺得難受，認為生活中要是沒有這些負面情緒該多好。但遺憾的是，就像不可能每天都風和日麗一樣，負面情緒也是人生的必然。事實上，如果沒有負面情緒的襯托，正面情緒也就沒有意義了。

因此，每天起床時，你可以對自己說：「我知道今天可能會開心和興奮，但也可能會生氣和難過，這些都是人生的一部分，我都願意去感受。」你可以想像，為了實現自己的目標而允許自己體驗負面情緒，這樣的你會多麼有自信和力量。

❷明確的目標和意願

擁有明確的目標對個人發展非常重要，在追求目標的過程，可以讓人產生更多的勇氣。在第五章，我將介紹更多有關目標管理的內容，現在讓我們再回到小清的案例。

小清很熱衷於環保議題，利用下班時間參加了一個民間的環保組織，並且撰寫環保議題相關的文章。有一天，該組織的負責人希望他能在一個活動中進行一個環保主題短講。小清一想到要在那麼多人面前說話，心裡就非常害怕，不相信自己有這個能力。但是，他很清楚這次的短講是非常難得的機會，能夠向大眾宣傳環保理念，非常符合自己的目標和核心價值。

因此即使內心恐懼，小清還是很認真地準備，到了當天勇敢地走上講台，用緊張顫抖的聲音完成短講，他對環保的熱情打動了現場觀眾，當天活動反應也非常好。

當你需要做一件事情，卻覺得沒有自信而不敢去做時，可以這樣對自己說：「與其懷疑自己是否有能力，不如問自己是否有意願。」如果你的意願很強烈，那麼無論你多麼害怕，都應該鼓起勇氣，勇敢地行動。

❸自信不源自於感覺，而是來自於行動

如果小清等到自己完全不害怕在大家面前說話才敢上台，那麼他可能永遠都不會上台。如果小克等到有十足把握，才去邀同學一起吃飯上課，那麼他可能永遠都無法開口。許多人認為自信是一種感覺，因此想等到覺得有自信了再去做，但那一天卻總是無法到來，不但浪費時間也錯過了機會。

其實，自信不該源自於感覺，而是來自於行動。我很喜歡芭芭拉・馬克威（Barbara Markway）與西莉亞・安佩爾（Celia Ampel）在《你會比昨天更堅強》（*The Self Confidence Workbook*）書中對於自信的定義：自信就是即使感到焦慮，成果也不得而知，仍舊願意採取行動，一步步實現重要目標。

在面對挑戰的時候，自信的人也會感到害怕，但他們在害怕的同時仍願意體驗與嘗試，這就是為什麼他們比沒有自信的人更容易成功的原因。

❹坦然面對失敗

造成一個人沒有自信，最主要的負面情緒之一就是對失敗的恐懼：「我還是不要告白，萬一被拒絕了怎麼辦？」「我還是不要在課堂上發言，答錯了多丟臉。」

可想而知，因為對失敗的恐懼讓我們愈來愈沒自信。事實上，失敗是再正常不過的事情。當我們看到成功的人，只看到他們光彩耀眼的一面，因此誤以為他們一直都是這麼成功，卻忘記他們背後所經歷的可能是比一般人更多的失敗。

為了幫助自己的朋友從失敗中振作起來，普林斯頓大學的助理教授強尼斯・豪斯佛（Johannes Haushofer）寫了一份「失敗履歷表」（CV of Failures），在履歷表中羅列自己所有失敗的經歷，包括沒有面試成功的工作、申請遭拒的研究資金、投稿失敗的學術論文等，洋洋灑灑地寫了好幾頁，比他正式的履歷還要長。沒想到這份失敗履歷公布後，卻在網路爆紅獲得許多關注。許多人看了這份履歷表之後，都意識到一個非常簡單的事實：失敗並不可怕，而是到達成功的必經之路。

許多人都害怕失敗，其實你並不孤單，你可以這樣為自己做心理建設：**為了達成我的目標，我決定行動。這個嘗試可能會成功，也可能會失敗。無論結果如何，我都要保持對自己的關愛，即使失敗了也不苛責自己，而是記取經驗，讓下次做得更好。**

積極行動：自律與規劃，養成自信的底氣

自我接納應該是無條件的，不取決於自己是否有資格或夠優秀，但這並不表示就應該安於現狀，不做任何改善。在自我接納的同時，可以為自己設定目標，這些目標的實現能夠讓你成為更好的人，更加有自信。事實上，有自我接納作為基礎，可以讓你減少負面情緒的體驗，也會讓目標實現的過程更加順利和愉悅。

在教練會談的過程，經常有人會問我這樣的問題：「雖然我對自己有規劃，但總是很懶，沒有動力去做。如何才能夠讓自己克服惰性，變得自律？」還有人問：「本來想早點睡，可是一追劇就停不下來，要如何才能忍住誘惑？」

這些看似在行動層面常見的問題，就是不夠自律。事實上，自律和自信有著非常密切的關係，一個自律的人更容易有自信。

為什麼呢？如果你身邊有一個人，只要是他答應你的事情，無論多困難，一定會想辦法完成，那麼你會非常信任這個人。如果這個人是你自己，凡是你決定要做的事，最後總是會想辦法完成。想像一下這樣的你，自我感覺一定很棒，不是嗎？

自律，其實呈現的就是一個人與自己的關係。我們都知道不要讓自己在意的人失望，答應對方的事情，一定要盡力做到。那麼，這世界上還有誰比你自己更重要呢？可是在現實中，我們卻看到許多人無視對自己的承諾：「這份提案沒做完就算了，我更想去追劇。」「超過

預算也沒關係，我實在太想要那件衣服了。」慢慢地，你就失去對自己的信任。當你真的想要達成某個目標時，內心深處卻覺得：「我真的做得到嗎？」於是，在猶豫不決中，你沒有使出全力，失敗也就不意外了。

自信的人之所以更容易成功，就是因為他們自律，有很強的使命感，總是以執行力實踐對自己和他人的承諾。在第六章，我會再針對自律與行動有更深入的說明。

教練練習：提升自信

⑴評估你的自信值。從一到十，一代表非常沒自信，十代表非常有自信，你的自信值是多少？你還可以分門別類，從工作、財富、健康、人際關係、親密關係、自我成長等方面個別評分。

⑵參考自信公式「自信＝自我接納＋情緒管理＋積極行動」，思考你要如何從這三個層面做改變，提升整體自信值。

⑶寫下你的自我接納話語以及行動計畫。

chapter 5

教練思維 4

point

管理目標，創造正向情緒與管理人生

我從小就非常羨慕到世界各地介紹奇景美食的外景主持人。不知從什麼時候開始，我的內心就許下想要去看看世界的願望。上了大學，經過一開始迷惘的狀態之後，這個願望就悄悄地在我心中發芽了，於是，從大二暑假開始，我就有了要出國留學的目標。

記得當時有了這個目標之後，我的大學生活過得非常充實。我努力學習專業課程，因為我知道 GPA 對於留學申請的重要性。我考了托福、GRE，去實驗室當研究助理。現在回想起來，那段時光真的非常充實快樂。由於北師大良好的學術環境，使我在心理學領域打下堅實的基本功，在大四下學期，我如願以償拿到兩所學校的心理學研究所錄取通知書，最終選擇多倫多大學。然而，出國之後要做什麼？我的長期目標是什麼？這些當時沒有想到的問題，也註定我出國之後的迷惘。

到了加拿大面對陌生的文化與繁重的學業，我有許多不適應。如果那時的我有個清晰的目標，情況就會有所不同，也會更有努力的方向，可惜當時的我並不清楚自己畢業後想做什麼。因此，在研究所的前二年我都過得渾渾噩噩，雖然課業忙碌，但內心卻非常空虛。經過痛苦地摸索，直到第三年，我才重新找到了方向感，我終於意識到，能夠以心理學來幫助人，是我願意從事並且熱愛的行業。

我分享自己在大學和在國外讀研究所的經驗，是想告訴大家，有清晰的目標對一個人來說非常重要。

清晰的目標有助於產生正向情緒

目標管理與情緒管理看似無關，但事實上，擁有清晰的目標對於情緒有兩個重要的影響。

第一，目標能讓人更有方向感和掌控感。目標就像海上的燈塔、指引方向的北極星，讓人能夠維持在正確的航道。目標也可以幫助梳理複雜的生活並釐清思緒，讓我們對生活更有掌控感，而方向感與掌控感都是非常重要的正向情緒。

第二，目標的實現也能讓人體會快樂和自豪，即使是非常小的目標，都能因為達標而帶來成就感，讓你的自我感受非常良好。即使目標暫時還沒有達成，你也會在追求目標的過程，對未來感到滿滿的希望，並體驗專注當下的快樂。

每年的十二月，我都會規劃下一年的年度目標，這個習慣已經持續超過五年。寫下年度目標，能讓我的願景更加清晰，更明白自己在事業、家庭、個人成長、人際關係等領域想要什麼，也清楚該如何一步步地實現，並且努力執行。書寫年度目標的過程，為我帶來許多希望和力量，是一個非常療癒的過程。

在生活中，總是有許多瞬間會被負面情緒擊中。有時我會被無關緊要的人事干擾，引發大波動的情緒起伏；有時我會經歷失敗，懷疑自己的能力；有時我會擔心自己走得太慢，害怕目標無法達成。每次面臨這些負面情緒時，我都會回頭檢視自己的年度計畫。回顧目標能幫助我不因起伏的情緒而偏離，專注於目標的實現，不知不覺心情也就變得更加平和穩定。

到了年末，當我再次審視一年前設定的年度目標時，通常會發現這些目標大部分都已經實現，這也讓我特別有成就感，覺得這一年過得非常充實。這是因為「目標管理」已經成為我的思維習慣，如何達成願景已經成為我每天自然而然會去想、去做的事情，日積月累，改變就在不知不覺中發生。

當然，在追求目標的過程一定會遇到阻礙，也會有目標無法實現的時候，這時通常會有失望、自卑、憂鬱、憤怒等負面情緒。因此，有些人不願意設定目標，是因為害怕體驗這些負面情緒，但這就如同因噎廢食，非常不值得。

接下來我會說明如何面對阻礙和失敗。但在此之前，我想先聊聊「如何知道你的目標是什麼？」要回答這個問題，首先需要了解自己的核心價值。

核心價值：目標背後的「為什麼」

什麼是核心價值？簡單而言，就是生命中什麼事物對你來說最有意義、最有價值、最重要，也就是你的「為什麼」。為什麼明白自己的價值觀對目標管理非常重要？這是因為當我們的目標與價值觀一致時，我們會更快樂、更真實，更接近自我實現。此外，價值觀對於實現目標是很好的動力，價值觀是決定我們行為的深層動機。雖然我們可能沒意識到，但我們所有的行為都是由價值觀所驅動，從另一個角度而言，價值觀也可以明確地告訴我們應該避免什麼。

我們的身邊可能有兩種人，一種是可以排除萬難達成目標的人，而另一種人卻經常中途放棄，其中一個重要的原因，就是排除萬難的人往往都很清楚自己為什麼想達成那個目標。

賽門・西奈克（Simon Sinek）在TED演講中提到，大多數企業最先傳達給客戶的是「做什麼」（What），即提供什麼產品或服務，以及「怎麼做」（How），即如何滿足客戶的需求，卻很少告訴客戶他們的「為什麼」（Why），也就是企業的核心價值和深層理念。因此他們很難從心底打動客戶。

而真正偉大的企業，如Apple和Nike，最先傳遞的卻是「為什麼」。例如，賈伯斯時期Apple的「為什麼」就是「挑戰現狀，持續創新」。正因為人們認同Apple的「為什麼」，才有那麼多人成為品牌的忠實客戶。

其實不只是企業，對於個人也是一樣。當你設定目標的時候，若能進一步思考，找到自己想要實現目標的深層原因，並準確地傳達出來，那麼你不只能夠鼓舞自己前進，也能影響帶動身邊的人。例如你想考研究所，那麼，不妨想一想背後的深層原因是為什麼？如果只是因為父母希望你念研究所，或是因為身邊的同學都在考研究所，那麼我幾乎可以保證你很難為此付出百分之百的努力。你或許會發現自己才開始準備幾天就鬆懈了，無法全心投入也很容易分心。這些行為背後的原因之一，就是你缺少一個足夠強大的「為什麼」。相反地，如果你考研究所是因為你對這個學科特別感興趣，衷心想更深入地鑽研，那麼這個「為什麼」就比較強大足以支撐你前進。

再舉個例子，曾經有一位讀研究所在職專班的人問我：「我很想快點完成論文，早點畢業拿到學位。可是我的拖延問題實在太嚴重，每天工作那麼忙，下班回到家都已經很累了，實在不想繼續念書，我該怎麼辦？」

於是我問他：「你為什麼想讀研究所在職專班呢？」他說：「拿到學位，我的收入就會增加，這樣就可以過得更輕鬆，買東西的時候不用顧慮太多，想旅行就去旅行。」

我告訴他：「如果你讀學位只是為了獲得更舒適的生活，那麼你又怎麼能期待自己為此犧牲現在的舒適，付出百分之百的努力呢？」追根究底，他之所以難以堅持完成學位的目標，是因為他的「為什麼」不夠強大，不足以支撐他實現自己的目標。一個人追求舒適的生活，這本身並沒有錯，但我覺得這只是表層的原因，應該再往內心深處挖掘生命中更深層的需求，而你的深層需求則是由你的核心價值所決定。

教練練習：找到你的核心價值

價值觀並非一成不變，而是會隨著人生境遇改變。如果有個人最近生病了或是想參加馬拉松比賽，那麼「健康」可能就是這個人當下最重要的價值觀。如果有人正在找工作，那麼「成就、保障或財富」可能就成了這個人當下最重要的價值觀。接下來的價值觀練習，可以幫助你找到自己當下重要的價值觀。

價值觀沒有好壞對錯之分，社會、父母都會對我們的行為有所期待，但這些期許不一定代表你個人真實的價值觀。因此，進行價值觀練習時，不要想著迎合社會或他人的標準，而是要聽從自己內心真實的想法。要完成這個找到核心價值的練習，你需要一個安靜的地方，預留至少一個小時的時間。雖然耗時較長也花費腦力，但你會發現非常值得，因為這個練習可以幫助你發現盲點，更進一步地認識和了解自己。這個練習分為三個步驟。

第一步，請回答以下問題，這些問題可以幫助你思考回顧過去的人生，找到一些規律，請仔細思考，並寫下這些問題的答案：

- 生命中有什麼對我而言最重要？
- 什麼讓我充滿動力？
- 我最享受什麼？

• 當生命結束的時候，我會因為什麼事情而感到高興（例如，我做了什麼事，達成了什麼目標，我是誰等等）？

• 我最崇拜或欣賞的人是誰？對方有哪些特質？

• 什麼事情最讓我生氣或難過（讓你生氣或難過的事，代表你未被滿足的價值觀）？

第二步，請從剛才問題的答案中，找出其中呈現的十個價值觀。如果和家人在一起對你而言最重要，那麼你的價值觀可能包括「家庭、愛」。如果你最享受的事情是旅行，其中呈現的價值觀或許是「探索、快樂、改變」。你可以將相似的價值觀放在一起，如「真實、誠實、正直」，愈重要的排序在前。

第三步，你需要對前一步驟整理出的十個價值觀進行整體排序。這一步可能讓你很糾結，但卻可以幫助你找到核心價值，也就是前五名的價值觀。

為什麼要挖掘我們的核心價值？因為在了解自己的核心價值之後，當我們遇到阻礙時，就會知道阻礙源自於何處。如果你的核心價值是自我成長，但是你卻在娛樂活動花了很多時間，那你就會發現是這兩者之間的矛盾，造成你內心的衝突。這時你就能採取行動突破阻礙。或者，在你感到憤怒的時候，就可以知道觸發憤怒的事件，是如何侵犯到你的核心價值，能夠了解自己憤怒的原因，就能做出不同的選擇。

教練練習：用直升機願景練習找到你的目標

確認核心價值之後，就可以開始尋找適合你的目標。直升機願景練習可以幫助你居高臨下從大局檢視，了解自己真正想要的是什麼。要完成這個練習，同樣需要找到一個安靜不被打擾的地方，做幾次深呼吸，讓心平靜下來。然後閉上眼睛，想像你坐著直升機飛到五百公尺的高空，從飛機上往下看，視野非常開闊。

首先，在左手邊，你看到了現在的自己，或許你對自己的現況有些不滿意，或是正在經歷某些情緒困擾，此時簡單描述一下你當下的生活。接著，把目光投向右手邊，一直到視野的盡頭，在那裡，你看到了五年後的你，正在過著你所希望的生活，實現了自己的願望。那麼，那時的你處於什麼狀態？在想像的時候，可以參考以下幾個方向。

- 外表：未來的你看起來是什麼樣子？穿著什麼樣的衣服？身形如何？健康還是虛弱？是否容光煥發、精力滿滿？
- 住所：未來的你還住在現在的地方，還是搬家了？你的房子看起來是否整潔美觀？是租屋還是買房？
- 事業：未來的你從事什麼工作？在哪裡工作？和誰共事？結束一天的工作之後，你的感覺如何？

- 財富：未來的你有多少存款、投資或房產？財務方面的自由度有多少？
- 休閒娛樂：閒暇時你在做什麼？在哪裡？和誰在一起？
- 關係：五年後你有那些家人？你們在一起做些什麼？除了家人，你最在乎哪些人？你和他們在一起做些什麼？
- 感恩：未來的你，最感謝這些年來遇到的哪些人、哪些事？
- 最後，五年後的你想對現在的你說什麼話？

想像結束之後，你的直升機降落至地面，你就可以睜開眼睛。在紙上寫下你剛才所看到的畫面，那些就是你未來五年後的長期目標。為什麼是五年呢？因為這個時間夠長，足夠讓你完成許多事情，但又不至於太長，讓你感到虛無縹緲而無從下手。

我們常常高估自己三個月內可以完成的任務，卻低估自己五年後能夠獲得的成就。有清晰的意願，並願意持續地為目標付出努力，這正是目標管理思維的精髓所在。

把目標放大十倍

做完直升機願景練習設定目標之後，我想邀請你做一件可能會突破你舒適圈的事——把你的目標放大十倍。為什麼要把目標放大十倍？最直覺的原因就是 think big 會比 think small 更能讓你充分釋放潛能。

如果你一開始就把健身的長期目標設定為跑一千公尺，那麼你在達成之後自然就會停滯。可是如果你的長期目標是跑一萬公尺，你就會更加全力以赴地向那個目標努力，即便最終沒有完成，但你很可能已經跑了五千公尺，遠遠超過之前一千公尺的目標。因為放大長期目標，使你不知不覺拓寬能力的範圍，讓自己的潛能獲得更充分的發揮。

換個角度而言，把目標放大十倍，也代表你必須從更長遠的角度來思考問題。

剛才的直升機願景練習，設定的是五到七年的長期目標，而不是三個月或一年的短期目標。這並不表示短期目標不重要，只是我們太習慣設定短期目標，卻鮮少從長遠思考自己想要什麼。

當人在設定小目標的時候，思考的是「如何達成這個目標」，也就是「怎麼做」的問題，而當目標放大十倍之後，就會很自然地開始思考「為什麼」：這些目標為什麼對我很重要？我是個什麼樣的人？思考這些問題的過程，就好像坐著飛機飛到高空，讓你跳脫之前狹隘的範圍，視野變得更加開闊。有了「為什麼」，你會有更大的格局和視野，自然就可以找到更多無數的解決方法，也就是有更多的「怎麼做」，來幫助自己實現目標。

有些人可能會覺得，放大十倍的目標實在令人心生恐懼，因此我也不建議目標為了放大而放大。如果你打從心底就不相信自己能夠實現這個大目標，那麼這個目標對你而言就沒有意義，反而會帶來太大的壓力。一個完美的目標，應該是讓你感到緊張的同時，又有點興奮和躍躍欲試，這樣的目標才能真正鼓舞你的內心帶來動力。

寫下你的目標

找到目標之後，接下來就是寫下你的目標，把目標貼在牆上，或是放在你每天都可以看到的地方，時時提醒自己目標的存在。

心理學家蓋兒・馬修斯（Gail Matthews）的研究表示，把目標和夢想寫下來，跟只把目標放在心裡而沒有寫下來相比，寫下目標的人實現目標的機率，比沒寫的人高出四十二%。這是因為把目標寫下來，能夠讓目標更加清晰和具體，讓人對目標更加堅定。這個行為不只運用了大腦的想像中樞，也啟動了大腦的理性中樞，會讓人明白自己不只是想想而已，而是認真地想要實現這些目標。

將目標寫下來可以讓你善加利用資源，抓住機會。有位女孩從前一直將成為心理諮商師的夢想默默藏在心底。直到參加我設計帶領的「夢想雕刻」工作坊之後，他設定了自己五年後的長期目標，並將自己的目標做成了一面夢想牆，過了幾天，他就得到三個人的幫助，其中兩個人甚至沒有看過他的夢想牆。《牧羊少年奇幻之旅》（*O Alquimista*）中寫道：「當你真心渴望某樣東西時，整個宇宙都會聯合起來幫助你完成。」與其說這是玄學，不如說是你的渴望讓你對身邊出現的機會更加敏感，更容易分辨自己要什麼和不要什麼。

設定目標時，要避免哪些陷阱

目標管理的思維模式固然重要，但也有需要注意的事項。我在與數百位客戶教練會談的經驗中，整理出三個常見的注意事項。

❶不要一次設定太多目標

有人提到自己做了直升機願景練習之後，才發現自己有很多目標。五年後，想考上研究所，在夢想中的大學繼續深造；想減重，讓自己變得更健康漂亮；想學習投資，不再盲目跟單；還想帶父母去旅行，看看世界的美景和體驗當地生活……這些目標都想實現，該怎麼取捨呢？

我的回答是：「最好一次只專注一至三個目標。」因為一個人如果同時設定太多的目標，結果很可能是一個目標都無法完成。太多的目標代表你把精力分散到多個領域，這樣很可能每個領域都做不好，還把自己搞得精疲力盡。因此如果要完成一件事，必須在一段時間內，把這件事當作人生的優先順位，這樣才能累積勢能，然後從量變引起質變。

這就像廚房裡有六口瓦斯爐，每口爐上都在烹煮。如果你同時把每口爐火都開到最大，很可能就會手忙腳亂，因此比較好的做法，應該是把其中幾口瓦斯爐開大火重點烹煮，其他則是小火慢燉，甚至可以暫時先把火關掉。等到前面幾道菜完成到一定程度，不需要一直顧著爐火，再著重完成後面的菜餚。只有這樣統籌安排，才能有條不紊地做出一桌豐盛的美食。

因此，如果你發現自己的目標太多，可以靜心思考最重要而有意義的目標，至多不超過三個，然後將選定的目標設為目前的重心，其餘的目標則可以先記錄下來，作為下個人生階段努力的重點。

❷不要追求錯誤的目標

有個人厭倦喧囂的城市生活，夢想是在鄉下買間大房子，在世外桃源般的地方生活。後來，他真的在遠離城市的山區買了一間漂亮的房子。可是和家人搬過去後，才發現自己並沒有想像中那麼快樂，因為新房子實在是太偏遠了，他的朋友很難跑這麼遠來和他聚會，鄰居也沒有小孩，孩子沒有玩伴也很孤單。就這樣，過了一段時間後，全家人受不了了，還是搬回原來住的地方。這個故事告訴我們，有時候，一個人很難預先斷言一個目標是否真的能讓自己更加快樂和幸福。

正向心理學之父塞利格曼（Martin Seligman）在他的著作《邁向圓滿》（*Flourish*）提到，

幸福的人生需要具有五個元素：正向情緒（Positive Emotions）、全心投入（Engagement）、正向關係（Relationships）、意義（Meaning）和成就（Accomplishment），這也就是正向心理學中著名的PERMA理論。我們在設定目標時，如果不確定這個目標能否讓自己更幸福，就可以從這五個元素來思考。

(1)正向情緒。在實現目標的過程，你是否時常提醒自己保持快樂、好奇、平靜的心態？想到目標的實現，你能否有自豪和滿足的感受？即使最後沒有實現目標，你是否仍感謝這個過程中的一切，並欣賞自己的付出？實現目標的過程不應該充滿痛苦，如果這個目標不能使你快樂，那這個目標也就失去存在的意義。

(2)全心投入。「心流」是指我們在做一件事情時那種全心投入，甚至覺察不到時間流逝的狀態。在我們的生命中，最美好的時刻不是放鬆或無所事事，而是主動將自己的智力和體力擴展到舒適圈之外，進行具有挑戰性，卻又是自己擅長的事。因此，衡量一個目標能否讓你幸福，可以思考這個目標是否運用到你的優勢和長處，並且有足夠的挑戰性。

(3)正向關係。無數關於幸福感的心理學研究最終都指向一個結論：人際關係非常重要。美好的人生需要與他人有緊密的連結，曾經有一位客戶說自己想閉關一年為申請研究所做準備，這樣可以不受其他人的干擾。我覺得這並不是一個好計畫，因為沒有良好的人際關係滋養，到頭來會發現自己非常孤獨，一個人很難走得長遠。

(4)意義。我認為意義就是目標的「為什麼」，有意義的目標是指那些可以讓自己、他人、世界變得更好的事情。以我自己為例，我做「夢想雕刻」工作坊的意義，就是想引導大家如何更有策略地追求自己所想，每次多一個人實現自己夢想中的生活時，這個世界就會再變得更美好一點。

(5)成就。好的目標應該是，讓你在實現目標的過程，就不斷地有成就感，而不是只有在最後成功達標的時刻才有成就感。因此，你的目標應該是可以拆解為許多小目標，讓每個小目標的實現都可以為你帶來幸福感。

❸不要讓目標太空泛

小偉設定了一個五年目標，就是成為一個更加快樂的人。他非常確定這就是他想要的，可是他同時也很疑惑，因為這個目標聽起來實在是過於空泛，讓他不知道該從何下手。其實，「成為一個更加快樂的人」是個很棒的目標，這類型的目標就稱為終極目標（End Goals），也就是一個人內心真正想要的。而與終極目標相對應的就是方法目標（Means Goals），是指達成終極目標的各種途徑，這兩個概念最早是由美國個人成長作家史蒂夫・帕夫利納（Steve Pavlina）所提出。

小偉的終極目標是「成為一個更加快樂的人」，這個目標對他而言很重要，不會輕易改變，而方法目標卻可以有很多，如學習情緒管理、運動、參加社交活動等。如果他不懂得分辨終極目標和方法目標，那麼當其中一項方法目標達成不如預期時，他可能就會非常沮喪，甚至覺得自己根本就不可能成為一個快樂的人，甚至還可能會放棄自己的終極目標。然而，如果他懂得分辨這兩種目標，就可以再重新設定其他方法目標。只要終極目標不變，相信經過努力，他終究會成為自己想成為的那個人。

如果你覺得自己的目標太空泛，很可能是因為這個目標就是一個終極目標。因此，接下來你需要做的就是，設定有助於終極目標達成的方法目標。方法目標的設定可以參考SMART原則：具體的（Specific），可測量的（Measurable），可達成的（Attainable），與終極目標相關的（Relevant）和有時間期限的（Time-bound）。例如，如果你的終極目標是變得更健康，那麼方法目標就可以是：每週一、三、五運動健身一個小時。

在這裡要特別說明的是，SMART原則對於終極目標並不適用。此外，之前提到把目標放大十倍，就是指終極目標。終極目標是人生的願景，是北極星，是生命的意義。終極目標往往可以用一句話來概括，而且容易理解，是簡單、純粹、並且讓人對生活充滿希望。

以終為始，用「逆向規劃」訂定計畫

設定目標之後該做什麼？應該如何達成目標？接下來，我會教大家如何以終為始，使用「逆向規劃」（backward planning）來訂定計畫。

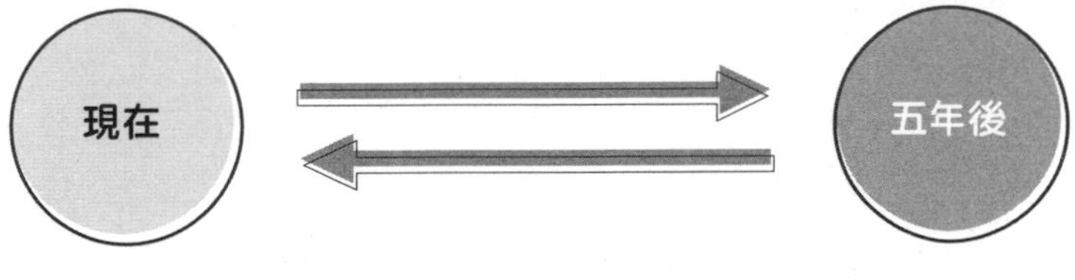

圖 8　逆向規劃

什麼是逆向規劃

逆向規劃就是以終為始，從結果反向一步步推論該做什麼事情，直到目前當下。如果你希望五年後出國留學，那麼從出國留學結果倒推就是辦理簽證、購買機票；再往回推是申請學校；再往回推是要找老師寫推薦函、考托福、累積研究經驗……一直回推到目前當下應該做些什麼，就完成了行動的路線圖。

但是，為什麼不是順向從現在開始規劃通往未來的行動步驟，這樣更符合事情發展的順序。芭芭拉・歇爾（Barbara Sher）在《實現夢想之法》（*Wishcraft: how to get what you really want*）書中曾提過使用逆向規劃的三個原因。

首先，如果以順向的方式訂定行動計畫，可能會因為缺乏通盤考量，而規劃了與目標無關或錯誤的行動，以致讓浪費精力。

其次，即使所有的行動都正確，但達成的結果與最終的大目標相比，由於距離遙遠且行動結果顯得微小，很可能感受不到這些行動與結果的關聯，因此容易中途放棄。

最後，就算所有行動都能有助於達成目標，但有可能是錯誤的規劃順序，這樣可能會讓實現目標的行動效益打折，以及造成資源浪費。以開店為例，你可能終於找到一家位置很好的店鋪，卻發現資金不足，等到籌到資金，店鋪已經被人租走。又或者你租下了理想的店鋪，但其他營業所需還沒到位，因此白白浪費了營業準備期間的租金。而使用逆向規劃，就可以避免這些可預期的錯誤發生。

如何利用逆向規劃來完成行動路線

首先記錄「現在」與你的目標，在此我們以「提升英文能力」為目標。（如圖 9）

接著，在目標之前填入實現這個目標所需要的條件。以「提升英文能力」而言，需要(1)

圖 9　逆向規劃示範步驟 1

字彙量達到一萬；(2)與外國人流利對話；(3)能閱讀英文書籍；(4)可以用英文寫文章。這些都是「提升英文能力」大目標下面的子目標。（如圖10）

接下來，再選擇其中的一個子目標，繼續往回推。如以「字彙量達到一萬」而言，需要(1)背單字；(2)看美劇；(3)看英文原文書。（如圖11）

同理，再選擇一個更小的子目標繼續往回推。如以「背單字」往回推就是背托福、多益單字，再往回是背全民英檢高級單字，那麼，再往回推呢？你可能需要先購買全民英檢中高級的書籍，這是你馬上就可以做的行動。然後，到這裡為止，最終端的目標就和「現在」連起來了。（如圖12）

接著，依此類推，你可以把其他的子目標也與「現在」連結起來。當所有的行動步驟都

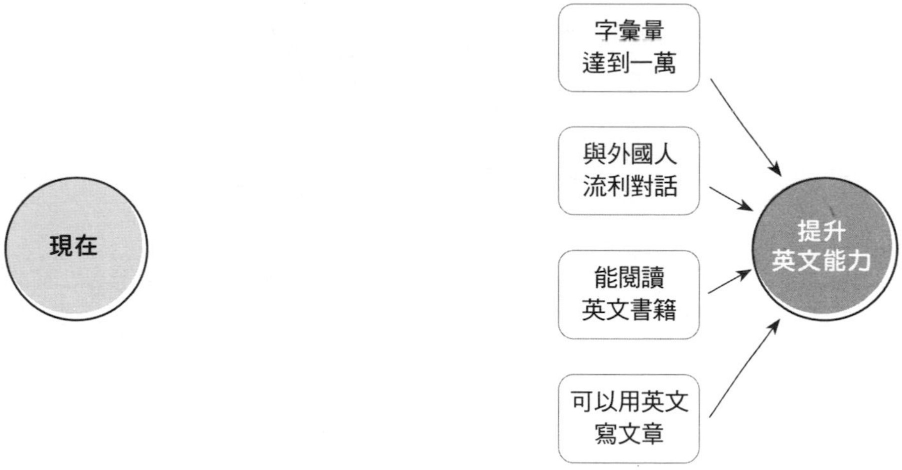

圖 10　逆向規劃示範步驟 2

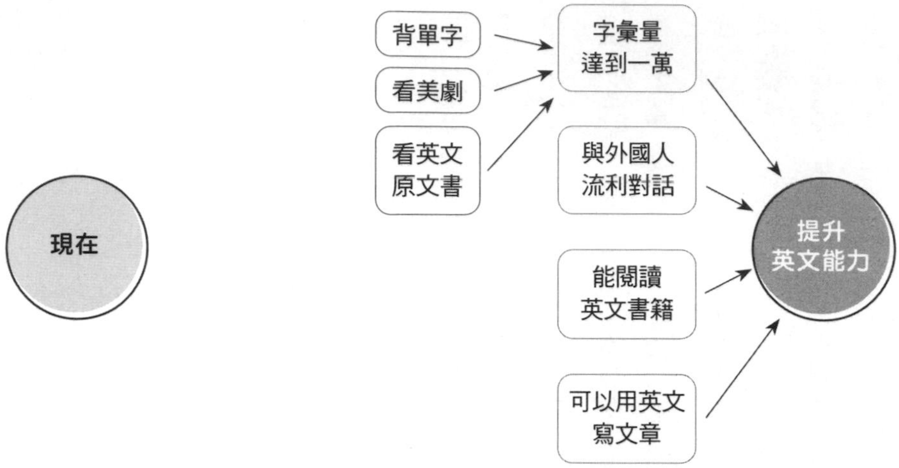

圖 11　逆向規劃示範步驟 3

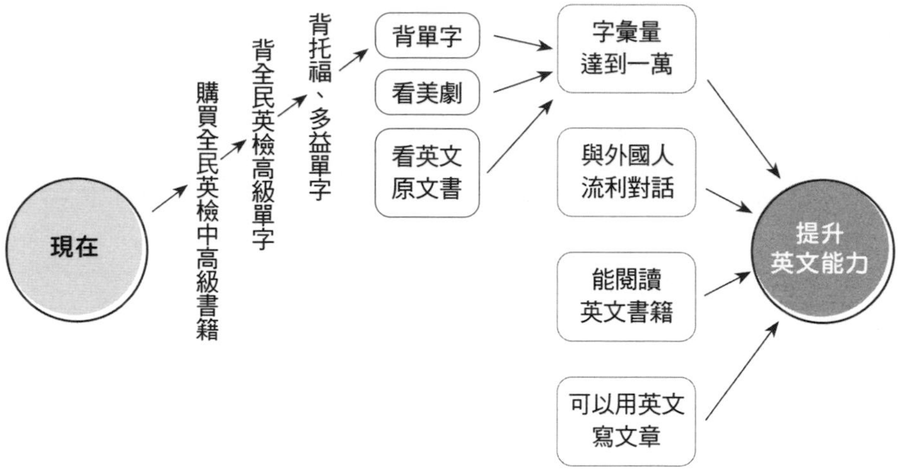

圖 12　逆向規劃示範步驟 4

被連起來時，你也就完成你的行動路線圖了。這時如果路線圖的某個步驟有所斷裂該如何處理？例如，你希望英語口說能夠達到和外國人流利對話的水準，可是你平常根本不會接觸到外國人，該怎麼辦？

此時，你可以問自己兩個問題：

⑴我一定要和外國人一起練習口說嗎？

⑵我可以在哪裡找到願意跟我練習對話的外國人？

然後，選擇其中一項作為下一步倒推的方向。辦法一定比問題多，只要願意去思考與求助，總會找到解決的方法，將路線圖的每一步都連起來。

教練練習：逆向規劃

請你試著將之前在直升機願景練習得到的未來目標，使用逆向規劃設計你的行動路線圖，以終為始，將你希望的未來與現在連結起來。

▶chapter 6

教練思維 5

point

想法要落實於行動，才能過好這一生

潔西是一位三十多歲的全職家庭主婦，要照顧兩個年幼的孩子，已經脫離職場多年，這讓他感到很沒自信，覺得自己和社會脫節。此外，由於帶小孩難免煩瑣又勞累，因此當小孩不聽話的時候，潔西會忍不住對孩子發脾氣，他的情緒很不好，對自己和家人有許多怨氣。在剛開始數次的教練會談，根據潔西的訴求，我們討論了適合他的工作、梳理了他和家人的關係，甚至挖掘出他沒有自信的根源，可是效果並沒有很好。潔西是個聰明人，知道問題出在哪裡，但就是無法改變行為，因此我們的教練過程陷入僵局。

當時，潔西對自己的身形不太滿意，因此我們乾脆暫時把教練目標從情緒管理調整為身材管理。他開始規律地晨跑，並且慢慢地愛上跑步。三、四個月之後，潔西有了令人驚喜地改變。首先，持之以恆地晨跑讓潔西減重超過十公斤，整個人也更有自信，出乎意料的是他的情緒也變得更快樂平和。以前，當他心情不好的時候，會把情緒發洩在自己或家人身上，可是透過跑步，他意識到這些憤怒、失望的情緒，不一定要靠大吼大叫來發洩，而是可以經由跑步得到宣洩，運動是可以舒緩情緒的管道。現在潔西已經很少對家人發脾氣了，也開始積極地拓展人際關係和學習專業技能，計畫等到小孩上幼稚園就要重新投入職場。

當時這個過程對我的教練工作很具啟發性，潔西的經驗讓我意識到，對於許多人來說，認知層面的「知道」並不難，真正的困難是行為層面的「做到」。當你懂了這麼多道理，卻還是過不好這一生時，不妨試試從「行動」開始。

變革公式：行動為零，結果就是零

在第五章我談到目標管理，介紹如何確定目標，並訂定行動計畫。可是，再大的目標，再好的計畫，如果無法落實到行動都是空談。

凱瑟琳．丹尼米勒（Kathleen D. Dannemiller）和羅伯特．賈伯（Robert W. Jacobs）在〈改變組織變革的方式：一場常識革命〉（Changing the way organizations change: A revolution of common sense）的文章中曾提出變革公式（Formula for Change），認為想要獲得改變，必須同時具備對現狀的不滿（D）、明確的願景（V）以及第一步行動（Fs）等三個要素。

如表 3 所示，只有三者相乘大於對改變的抗拒，改變才有可能發生。因此，只有願景還不夠，如果行動為零，那麼結果就是零，改變就只能淪為空談。

表 3　變革公式

$C=D \times V \times Fs > R$
C：Change（改變）
D：Dissatisfaction with how things are now（對現狀的不滿）
V：Vision of what is possible（目標和願景）
Fs：First step that can be taken towards the Vision（第一步行動）
R：Resistance to change（對改變的抗拒）

明明想改變，為什麼就是動不了

你一定有見過行動力特別強的人，只要下定決心，就會有紀律地快速執行。同樣地，你一定也見過缺乏行動力的人，就像電影《動物方程市》（Zootopia）那隻懶洋洋的樹懶「快俠」（Flash），做什麼都慢吞吞的。如果你也正在為自己缺乏行動力而煩惱，請看看以下敘述，是否符合你的情況？

- 有拖延習慣，事情不到最後一刻絕不去做。
- 做事情之前，總是思前想後，很難下定決心行動。
- 許多道理你都懂，但就是做不到。
- 遇到挫折就想放棄，很難持之以恆。
- 害怕冒險，不想踏出舒適圈。
- 已經答應的事情，卻經常沒辦法做到。
- 你很會訂定計畫，但執行效果總是大打折扣，經常無疾而終。
- 你很佛系，雖然告訴自己不在乎，但內心還是有些不安和焦慮。

一個人為什麼會缺乏行動力？主要有以下三個方面的原因。

❶目標不明確或不具吸引力

目標的重要性在第五章已經詳細說明，可以回頭參考，在此不再贅述。這裡要特別提醒，如果缺乏明確的目標，或者雖然有目標，但卻不具有吸引力，不夠讓人感到興奮，那麼無法行動也就不足為奇了。

❷還沒有準備好

過去關於改變的理論認為：改變是突然發生的。因此，人們加入「二十一天訓練營」想要養成好習慣或改掉壞習慣。短短的幾週後，他們就期待自己脫胎換骨，有新的生活方式。如果沒有成功，就認為自己缺乏意志力。

心理學家詹姆斯・波羅恰斯卡（James O. Prochaska）、卡羅・迪可蘭門特（Carlo DiClemente）以及約翰・諾爾克羅斯（John Norcross）在《永遠改變》（*Changing for Good*）一書中提出了「改變階段模型」（Stages of Change Model），認為任何改變都要經歷下列六個階段：

⑴懵懂期（precontemplation）：此時還無法意識到自己的問題，覺得自己不需要改變。處於這個階段的人經常會把自身的問題歸因於外界。

⑵沉思期（contemplation）：開始意識到自己需要改變，但還沒有做好準備。沉思期可能會持續很長的時間，如果在這個階段就貿然行動，那麼結果必然會失敗，想要成功行動，

就必須要經歷下一個準備期的階段。

(3)準備期（preparation）：這是非常重要的承上啟下階段，會引導一個人從下定決心改變，到採取實際行動。處於這個階段的人已經準備好開始行動，但還是有些猶豫。因此，準備期就顯得非常重要，可以利用這段時間做出詳細的計畫，並做好心理建設。

(4)行動期（action）：在這個階段才真正開始行動，也就是所謂的「改變」。但是，了解改變階段模型之後，你會明白，行動並非改變的全部，前面幾個階段思想觀念的改變也同樣重要。

(5)維持期（maintenance）：在這個階段最重要的就是，維持行動期的成果，避免反覆進入復發期（relapse）。不過，改變的軌跡並非是一條直線，而是螺旋上升，走兩步退一步，這在維持期都是非常正常的事。

(6)結束期（termination）：在結束階段，表示已經脫離原本的狀態，這就宣告了改變的成功。

改變階段模型讓我們知道，如果想要做出改變，要先了解自己處於哪一個階段，成功改變的關鍵在於採取與該階段相對應的處理技巧和解決方式。

❸害怕冒險，不想踏出舒適圈

還有一個常見的缺乏行動力的根源，就是內心的恐懼芭芭拉．歐爾認為，為了達成目標，需要克服許多障礙，這些障礙大致上可分為兩類。

第一類是策略性障礙。例如，一位三十歲的職業婦女想報考研究所，卻苦於沒有時間準備。因此他可以思考如何進行時間與精力管理，整體規劃安排優先順序，杜絕生活中較為無關緊要的事，把時間精力用在準備研究所考試。其實這些策略性障礙看起來不好處理，但其實是最容易克服的問題。

而第二類是「Yes-but」障礙，這才是不容易察覺跟處理的問題。我們仍以職業婦女報考研究所為例，為了有更多的念書時間，他告訴自己：

「（Yes）我每天晚上可以在小孩睡覺後讀書。」然後他馬上就對自己說：「（but）可是小孩最近很難入睡，等他們睡了我也睏了。」

他又想到：

「（Yes）我每天花在看劇的時間好多，應該少追劇。」然後又馬上想到：「（but）可是我每天就這麼點娛樂，不看劇會好悶。」

接下來他對自己說：

「（Yes）或許可以讓老公監督我少看電視。」但是立刻就自我反駁：「（but）可是我老公工作太忙了，經常出差不在家。」

這時候真正的障礙絕不是找不到時間念書，他甚至還沒有認真地找時間念書。此時真正的障礙是，考研究所這個目標帶來的恐懼感。因此，這樣的障礙很難經由策略性計畫來解決。害怕冒險、不想踏出舒適圈的人，就好像一隻腳踩著油門，另一隻腳踩著煞車，想改變，卻又害怕改變。

拖延，是情緒管理問題

「拖延」在本質上屬於情緒管理的問題，當一個人遲遲不去完成該做的事情時，通常是因為這件事引發了某些負面情緒。由於這件事觸發了我們痛苦的情緒反應，而人類的本能就是會逃避痛苦，因此我們就會去做其他無關緊要的事情，藉此獲得暫時的解脫。但是這種解脫的感覺就像是獎賞，便又強化了逃避的行為，於是就此產生拖延問題。

然而，即便我們逃避了不想做的事，但事情並不會就此消失，還會隨著時間的推移，致使我們的焦慮感、無力感以及自責感愈來愈強烈，這就是拖延問題讓人深惡痛絕的原因。了解拖延的心理機制後，以下是減少拖延的三個建議，分別是覺察、自我疼惜和找到下一步行動。

❶覺察

首先，如果你發現自己對事情有拖延的狀況，可以先啟動自我覺察機制。覺察就是向內看，體會自己對這件事有哪些想法和情緒。例如，寫作是我工作中很重要的部分，但我經常拖延。經過覺察，我發現自己在面對寫作的時候，會湧上許多負面情緒。我會擔心如果文章寫出來沒有人看怎麼辦？會不會很沒面子？如果寫得不好怎麼辦？這些想法都透露我在寫作這件事情上的沒有自信。再深入地覺察，我甚至回想起小學時，一字一字勉強寫出作文的感覺，實在非常痛苦。

想想看，有這麼多的負面情緒，難怪我不想寫作，難怪我想拖延。覺察到這些情緒之後，我會選擇讓自己感受這些情緒，因為我有所覺察，也就擁有選擇，而不是盲目地依照慣性回應或逃避。在有了覺察之後，我發現自己變得更加安定平和，無形之中也獲得了力量。

❷自我疼惜

自我疼惜就是當你自覺痛苦或失敗的時候，能夠以溫暖而同理的方式來對待自己，就如同對待親愛的朋友或小孩，而非自我批判，無視自己的痛苦。我以前拖延的時候會自責，但是這樣也沒什麼用，還是會繼續拖延。而與自我批判相比，自我疼惜更能夠改善拖延行為。

以寫作為例，如果我的好友正絞盡腦汁地想寫一篇文章卻寫不出來，我可能會說：「沒關係，這並不代表你懶惰或是沒有能力，其實大家難免都會拖延。」我既然可以對朋友這樣說，也可以對自己這樣說，這就是自我疼惜。

有人可能會擔心，這樣會不會太縱容自己？會不會無法完成目標？答案是不會。由於焦慮與對失敗的恐懼，這兩種負面情緒會非常影響我們的行動力。焦慮時，我們整個人就像是受到凍結一般，雖然心裡著急，但就是無法行動；對失敗的恐懼，則會讓一個人裹足不前。但心理學研究則顯示，自我疼惜的人比較不容易焦慮，因此行為極少受到焦慮影響，而且也不會太害怕失敗，他們知道即使失敗也沒關係，因此就可以更大膽地嘗試。

❸找到下一步行動

減少拖延還有一個重點，就是把注意力聚焦在下一步行動。以我自己寫作為例，下一步行動是什麼？其實就是坐下來打開筆電，按照已經擬好的大綱，開始寫下第一個字，其實就是這麼簡單。如果我等到有靈感的時候才開始寫，那麼永遠都寫不出來，當我開始寫第一個字，就會發現其實也沒那麼難，是自己高估了寫作的難度。其實不只是寫作，許多事情也都是如此。

為什麼沒有意志力？關於意志力的真相

美國心理學會把意志力定義為一種「為了實現長期目標而抵抗短期誘惑的能力」。例如，為了健康選擇不躺在沙發上看電視，而是去健身房運動，這就是意志力的表現。許多研究顯示，意志力強的人有更高的收入、更好的身心健康狀態和人際關係，也較少有藥物濫用的問題。一九七二年，史丹佛大學心理學教授沃爾特・米歇爾（Walter Mischel）做了一個棉花糖實驗（Stanford Marshmallow Experiment），研究者在四歲的小孩面前放上好吃的棉花糖，然後離開屋子幾分鐘。在離開之前他們給小孩兩個選擇：如果能夠等到大人回來後再吃棉花糖，就可以得到兩個棉花糖；如果等不及想馬上吃，就只能得到一個棉花糖。實驗結果發現，能夠延遲滿足的小孩，長大後有更好的學業表現，也有更強的執行力、壓力處理能力以及注意力。

有些人可能認為意志力的強弱是天生的，但其實並非如此，意志力就如同肌肉一樣，完全可以經由後天鍛鍊加強。提升意志力最好的方法，就是從訂定微小的目標開始，隨著實現目標的過程，漸漸增加難度，然後在持續的過程中逐漸加強意志力。

但是，正如同過度使用肌肉會感到痠痛一樣，若是在一段時間內使用過多的意志力，也會造成意志力枯竭。這就是為什麼在經過一整天緊繃忙碌的超時工作後，會難以抵抗宵夜的誘惑，正是由於意志力已經大量消耗，很難有多餘的意志力讓自己抗拒美食。但好消息是，意志力可以再生，當你感到筋疲力盡時，可以散個步、聽聽音樂，做些喜歡的事情轉換一下，意志力就可以再獲得補充，讓能量重新滿格。

如何加強意志力，更加自律

意志力會有耗損，也能補充再生，而且還能夠經由科學的方法鍛鍊增加，以下介紹六個可以在日常生活中加強意志力的方法供參考。

❶把計畫安排在日程表，依計畫行動

我們每天一睜開眼，幾乎所有事情都在消耗我們的意志力，即便是穿什衣服、吃什麼早餐等微小的生活選擇都對意志力有所損耗。意志力就像電池，一天下來隨著大大小小的事情，意志力也會有不同程度的消耗，如果你已經耗費大量的意志力，電量所剩不多，這時就更可能做出缺乏意志力的決定或者因為思緒掙扎，而又耗費大量的意志力。

例如，下班之後感到疲憊，雖然理智告訴你晚上應該去運動，但是意志力已經所剩不多，只想回家舒服躺平。於是你陷入掙扎，這時就算你選擇了運動，你也會覺得更累了，因為你實在耗費太大量的意志力來做這個決定，更何況在這種情況下，通常還是想要偷懶的思緒占

上風，直接放棄運動。

為了避免這種情況，可以事先在意志力充沛的時候做好計畫，並安排在日程表當中，這樣做的好處，就是讓你不需要在意志力薄弱的時候做決定，只需要將意志力聚焦在依計畫執行就好。

❷從培養微習慣開始

我遇過不少想要改變卻對自己沒有信心的人，他們最常說的一句話就是：「我從小到大做事情都是三分鐘熱度。」如果你也是如此，不妨從養成微習慣開始改變。史蒂芬・蓋斯（Stephen Guise）在《驚人習慣力》（*Mini Habits*）中提到，微習慣就是讓自己每天「做一下」計畫中一到四個「小到不可思議」的行動。這些行動小到不會失敗，小到不會因為特殊情況就被你輕易放棄。從小處著手有雙重作用——激勵你繼續做下去，並會成為（微）習慣。蓋斯自己的微習慣就是每天做一個伏地挺身，雖然看似微不足道，但一段時間後，卻為他的身材帶來非常大的改變。

建立一個微習慣更重要的意義，是這個微小的調整會讓我們在一個領域更加自律，並且能夠延伸到其他的領域。如果你能夠每天讀書五分鐘，那麼你就更有可能持續運動，在一個領域的堅持會讓你看到自己自律的潛力，讓整體生活都發生改變。

在此我想要特別提醒，如果由於某些原因，你有幾天無法持續原定計畫，千萬不要因此而放棄整個計畫。明天又是全新的一天，你只需要第二天繼續執行下去就好。

❸即使心情不好，仍選擇去做

過去我有個習慣，當我心情不好的時候，就不想做要花力氣有難度的工作。我為自己找的理由是：現在工作效率不高，等感覺好點再去做。於是，數個小時、數天過去，浪費了許多時間。後來我才明白，如果這是你選擇的事情，對實現你的目標有好處，那麼無論心情如何，都應該持續行動。學過物理的人都知道，物體從靜止到運動需要花費最大的能量，只要開始運行，所需要的能量就會減少。當你突破內心的阻礙，開始行動並投入其中之後，你會立刻發現事情並沒有你想像中的困難，而且當你行動之後結束工作，雖然可能會覺得辛苦，但會感受到無比的充實，也會覺得自己真的超棒。

❹學會放鬆，將娛樂活動納入計畫之中

應該好好完成工作進度的夜晚，卻一點動力也沒有，反而看了一整晚的電影，一邊看一邊內疚，最後不但工作沒有任何進度，也沒有享受到看電影的樂趣，真的很不划算。與其如此，你還不如安心地看電影，好好休息恢復精神，自然就有投入工作的能量。

人不是機器，每個人都有娛樂的需求，也都有需要放鬆的時候。在追求目標的過程，一

定會有倦怠的時刻，這時候，你應該學會休息，而不是放棄。因此，在訂定計畫時，可以把娛樂活動也列入其中，如：規劃工作時間也加入放鬆滑手機的時間；規劃健康的減重食譜，也可以加上一點鼓勵性質的小零食。與其充滿愧疚感地追劇、吃巧克力，不如坦然而充滿期待地納入計畫之中。

❺加強動力，自我提醒目標背後的「為什麼」

我有一位四十歲的女性客戶目標是減重，但卻經常無法忌口，後來他就列印一張自己年輕時身形苗條的泳裝照，貼在冰箱上，提醒自己減重的初衷，這個方法就是自我提醒目標背後的「為什麼」。

我們在前往目標的過程，一定會遇到各種誘惑，也會遇到許多看似無法跨越的困難。這時候要回想自己的初心，雖然暫時仍有不足或做得不夠好，但只要你是在做自己想做的事情，朝著最渴望的方向前進，就會擁有無盡的動力。

❻運用「五秒法則」

最後一個建議是「五秒法則」，這是大師級教練梅爾．羅賓斯（Mel Robbins）在《五秒法則》（*The 5 Second Rule*）所提出。他認為人類天生討厭做讓自己不舒服的事，而喜歡選擇簡單的事情做。可是，要實現目標和夢想，難免需要突破舒適圈去做讓自己感到害怕的事。

對許多人而言，這就造成認知與行為之間的鴻溝。現在資訊發達，只要上網搜尋，就能找到許多有效執行的方法，但「知道」不等於「做到」。你知道很多正確的做法，卻在轉念間想到更多不去做的理由，思緒不斷掙扎，遲遲無法行動。要跨越認知與行為之間的鴻溝，就需要改掉猶豫遲疑的習慣。

因此，梅爾．羅賓斯提出了「五秒法則」，這個法則非常簡單，當你決定做一件事，如起床、在會議發言、運動等，先倒數五秒：「五、四、三、二、一！」然後就馬上行動。倒數，會給你一種迫切感，可以幫助你在遲疑退縮前將想法迅速轉變為行動。例如，早上六點起床鬧鈴響起，你一下子驚醒卻立刻找各種理由想再繼續小睡片刻，這時候如果在鬧鈴響起時使用「五秒法則」，倒數：「五、四、三、二、一！」在思緒還沒受到情緒干擾之前就迅速起床，穿衣著裝，此時由於你已經做出行動，行為也就不容易再受到影響。這樣持續嘗試一段時間，你就會慢慢養成早起的習慣。

因此，當你覺得自己缺乏意志力和行動力，不妨試試「五秒法則」吧！

教練工具：週計畫和日計畫

之前提到可以在意志力充沛的時候先做好計畫，現在請你練習依據自己的目標來安排週計畫和日計畫。我一般會在每週日的晚上安排下一週的週計畫，也會在每一天的晚上安排第二天的日計畫。當然，你可以選擇自己喜歡的時間進行安排。

週計畫

除了與大目標相關的事項，還可以在週計畫填入其他各種事項，如工作、家庭、自我、休閒娛樂等（如表 4），這樣你的計畫就會更加全面，更能確保你不會因為太專注於目標而忽略生活的平衡。

可以參考你的月計畫來訂定週計畫，安排週計畫時不要過量而超出能力範圍，先把上一週沒有完成的事項挪到當週。如果每週事項都無法完成，就要思考原因，是否因為計畫訂得太滿，能否適當減少。

此外，計畫要符合 SMART 原則：具體的、可測量的、可達成的、和目標相關的、有時間期限的。

日計畫

可以參考週計畫來安排日計畫，日計畫會比週計畫更詳細（如表 5），我會從當天的事項挑出最重要的一項，將這件事當作一隻青蛙，然後在我當天精力最充沛的時段（通常是早上九點到十一點之間）來完成這個事項，這個方式就是「吃掉這隻青蛙」。如果你能在每天

表 4　週計畫表

日期：

這週我希望達成的目標
工作／學習： ☐ ☐ ☐
家庭／人際關係： ☐ ☐ ☐
自我： ☐ ☐ ☐
休閒娛樂： ☐ ☐ ☐
其他方面： ☐ ☐ ☐

表 5　日計畫表

日期：

這週我希望達成的目標			
週一	吃掉這隻青蛙 ☐	相對容易的事項 ☐ ☐ ☐	日常瑣事 ☐ ☐ ☐
週二	吃掉這隻青蛙 ☐	相對容易的事項 ☐ ☐ ☐	日常瑣事 ☐ ☐ ☐
週三	吃掉這隻青蛙 ☐	相對容易的事項 ☐ ☐ ☐	日常瑣事 ☐ ☐ ☐
週四	吃掉這隻青蛙 ☐	相對容易的事項 ☐ ☐ ☐	日常瑣事 ☐ ☐ ☐
週五	吃掉這隻青蛙 ☐	相對容易的事項 ☐ ☐ ☐	日常瑣事 ☐ ☐ ☐
週六	吃掉這隻青蛙 ☐	相對容易的事項 ☐ ☐ ☐	日常瑣事 ☐ ☐ ☐
週日	吃掉這隻青蛙 ☐	相對容易的事項 ☐ ☐ ☐	日常瑣事 ☐ ☐ ☐

精力最好的時候，先把那隻難以下嚥的青蛙吃掉，那麼，接下來的時間就可以用來做相對簡單的工作，這種感覺一定很棒。

每完成一個事項，我會在事項前打勾，這種感覺實在是非常爽快，每天在不同的時段，以及完成一個事項之後，都可以回過頭來看看這張表。要特別注意，不要安排太多的事項，每天完成一件重大事項及一至三件相對容易的小事是比較理想的情況。而其他較為細瑣如買菜、洗衣服等日常瑣事，我都會寫在日計畫當中，幫助自己好好分配每一天的時間。

PART 3

情緒困擾自救

故事 Story

三十四歲的嘉琪是兩個孩子的母親，他的先生在大城市找到不錯的工作，因此舉家搬到大城市生活。在這個陌生的城市，他沒有工作也沒有朋友，再加上不擅長交際，也不知道要怎麼結交新朋友，因此感覺非常孤獨。由於結婚已經好幾年，他與先生的關係也不如以往親密。雖然他希望先生多花點時間陪自己和孩子，可是先生工作忙碌，經常要加班出差，對此他很生氣卻又無可奈何，畢竟先生是家中的經濟支柱。嘉琪的時間幾乎都用來照顧孩子，但兩個年幼的孩子每天都讓他焦頭爛額。另一方面，他也為自己的職涯發展憂心，害怕與社會脫節，但又沒有勇氣在陌生的城市找工作。他愈來愈不開心，而且還有深深的自卑感與無力感。

事實上，在剛開始進行教練會談時，嘉琪甚至不知道自己最想要的是什麼。他希望改善自己的婚姻關係，也希望獲得一些教養建議和找工作的方法。這些事情就像一團亂麻纏在一起，每件事情都很重要，但又讓人感覺無從下手。後來，在教練會談的過程，他才意識到，從自己開始成長和改變，就是解開亂麻的關鍵線頭。

跳脫情緒的困擾
是成長的開始

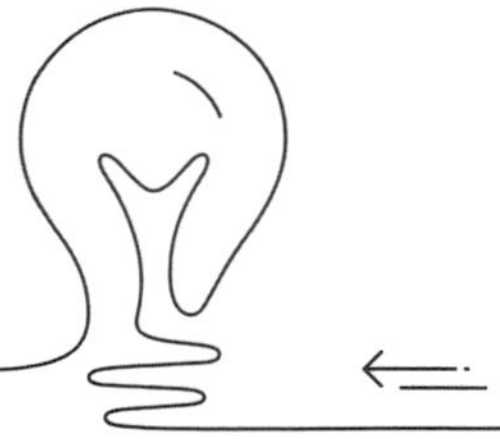

《禮記．大學》所說的正心、修身、齊家、治國、平天下，其實就是個人發展的順序，其中正心與修身是一切的基礎。因此，在本篇章，我會深入說明六種常見的情緒困擾：焦慮、恐懼、憂鬱、嫉妒、憤怒、自卑與羞愧。

▸chapter 7

焦慮

面對不確定與壓力，無法停止擔心

point 調整思維慣性，從根本改變造成焦慮的思考方式

二十九歲的雪倫獨自在異國生活，有一份普通的工作，和一份平淡的愛情。雪倫的工作跟自己的主修專業相關，但他其實不是很喜歡甚至覺得有點無聊，不過他不敢跨領域嘗試自己更喜歡的工作，主要是因為擔心未來的不確定性。雪倫和男友已經同居一年多，由於性格原因加上生活瑣事，二人經常鬧彆扭。他覺得男友並沒有那麼愛自己，自己也並不是那麼愛對方，可是又擔心分手後再也找不到適合的人，因此即使感情已經有很多問題，他仍不願意提出分手。

雪倫是個容易擔心和焦慮的人。他的焦慮不只表現在工作和感情上，也表現在各種生活小事。例如，曾經有一家外送公司的客戶資料外洩，他正好是那家公司的會員。雪倫就非常擔心有人竊取他的郵件帳號，由於他曾經用這個帳號發過幾封與工作相關的郵件，萬一洩露公司機密而被追究法律責任怎麼辦？可能就要付出巨額賠償甚至判刑！雖然他理智上知道發生這些事的機率可能連萬分之一都不到，但他還是花了數個小時，逐一檢視並刪除帳號中所有與工作有關的郵件。然而這還是無法抒解他的焦慮，讓他好幾天都寢食難安。

焦慮就是壓力大嗎

焦慮是對還沒有發生的事情產生緊張不安的情緒，焦慮的發生不需要特定的危險刺激，而是一種模糊的、對未來的不安情緒。

下列的描述是否符合你的情況？

- 經常為各種小事擔心。

- 遇到意外時，會直覺想到最壞的狀況，即使理智上知道發生的機率極低，但還是會無法控制自己。
- 思緒很亂，經常胡思亂想，很難集中注意力。
- 經常反覆回想、思考同一件事，並會因此花太多時間。
- 容易生氣，一點小事都能讓你發火。
- 對自己有許多懷疑，不夠自信，需要他人肯定你的想法和選擇。
- 身體經常很緊繃，無法真正的放鬆。
- 在嚴重的情況下，還可能出現失眠、頭痛、心跳加速等身體症狀。

焦慮的情緒並非全無益處，適度的焦慮其實是一件好事，可以讓人意識到潛在的危險，並提前做好準備。因此，如果善加利用，焦慮可以使人變得更加警醒、自律，提升表現，完成那些看似不可能的任務。但是，如果過度焦慮，就會像一股寒流把人凍住，雖然明知道當下需要立即行動，但就是無法動彈。一直擔心壞事的發生，並不能讓事情好轉，反而會削弱自己面對困難的能力和勇氣。

在節奏快速的現代社會，壓力已經是非常普遍的現象，過高的房價和生活成本帶來非常大的經濟壓力，各種職業倦怠、過勞的消息，以及超時工作的情況也愈來愈普遍，這些都會影響人的心理健康。那麼，壓力與焦慮有什麼關係呢？

壓力與焦慮都會引發如失眠、易怒、擔心等類似的身心狀況，但壓力事件來自外界，而許多焦慮情緒則來自壓力事件，壓力是產生焦慮的一個重要因素。但需要注意的是，有些焦慮與外來的壓力無關，更多是來自每個人自身的思維習慣。同樣的壓力，對於有些人不但沒有負面影響，反而會帶來動力，可是對於另外一些人卻成為焦慮的來源。因此，學會如何處理焦慮情緒，並從根本改變造成焦慮的思維方式，是最重要的重點。

凡事擔心最壞的結果，我是不是有問題

在本章一開始我們提到雪倫的例子，他凡事都會想到最壞的狀況，雖然理智上他知道那些極端的壞事發生機率極小，但還是忍不住擔心，這讓他非常痛苦。

作家艾克哈特．托勒（Eckhart Tolle）曾經說過：「擔心假裝自己是必要的。（Worry pretends to be necessary.）」但事實上，絕大多數的擔心是完全沒有必要，只會帶來額外的心理負擔，卻不能為現狀帶來任何好處。在第三章我曾提到「控制圈」的概念，高情商的人懂得接納無法掌控的事，而雪倫擔心的事情，卻正是自己無法完全掌控的範圍。如果進一步分析雪倫的性格，就會發現他是個缺乏安全感的人。安全感的缺失，幾乎都與童年經驗有關，但教練會談與心理諮商的不同在於，教練無意深挖會談對象的過去，而更注重現在和未來。

既然已經覺察到缺乏安全感帶來的負面影響，那麼接下來應該如何改變？

在一次相關話題的教練會談過程，雪倫在腦海中出現一個畫面，他看到自己就像是一隻蝸牛，背著沉重的包袱，包袱裡裝的是各種擔心：找不到更好的工作怎麼辦？如果分手後孤獨終老怎麼辦？萬一洩露公司機密怎麼辦？……他覺得包袱裡的東西都很重要，都不能捨棄，但這又讓他覺得很累。他想要輕鬆一點，能夠更加開心，為別人帶來正能量。

於是，雪倫想像自己慢慢地卸下包袱。他告訴自己，過度掌控只會帶來焦慮，擔心沒有用，即使再小心還是會有意外發生，不如活在當下，享受現在的生活。之前他當然也懂這些道理，但是從來沒有在情緒層面真正明白，一旦在情緒層面清晰之後，雪倫說這隻蝸牛感到輕鬆快樂許多。

焦慮時，不要逃避和抗拒

亮宇在一家大型企業做科學研究，為了提升學術能力，他從兩年前便開始就讀在職博士班。決定題目、做實驗的部分都算順利，可是他卡在博士班畢業的最後一步——寫論文。面對紛繁複雜的文獻和數據，亮宇不知道該如何下手，好不容易寫出來的初稿，卻被指導教授批評得體無完膚，要求他大幅調整，這讓亮宇更沒有信心。他的工作已經非常忙碌，再加上對論文寫作的恐懼，心情愈來愈焦慮，雖然知道不完成論文就無法畢業，但他就是不想寫，每天都被這種想動卻又動不了的焦慮情緒折磨，非常痛苦。

面對焦慮的情緒，有兩件事情非常重要。

一、不要逃避。有些人面對讓自己產生焦慮的事情，會習慣性逃避，假裝事情不存在，然後去做那些會帶來短暫快樂，但長期卻對自己有害的事。暴飲暴食、報復性熬夜等行為，或許可以讓人暫時忘卻令人焦慮的事情，但是一旦結束這些放縱行為，讓人焦慮的事情並沒有憑空消失，焦慮感馬上又會捲土重來，甚至比之前更加強烈。因此，當你感到焦慮的時候，不要做那些只能帶來短暫快樂的事來逃避。

二、不要抗拒。焦慮本身是無害的情緒，在原始社會，焦慮還是一種重要的情緒，能夠保護人類避免傷害與幫助生存。歸根究柢，焦慮只是我們身體能量的振動，真正有害的是我們對焦慮的抗拒。抗拒就是責怪自己、氣自己，認為焦慮是不對的，千方百計要消滅這種情緒，但結果就如同火上澆油，讓焦慮愈演愈烈。

情緒教練三步驟，抒解焦慮

第一章我曾提到情緒教練的三個基本步驟：(1)覺察情緒；(2)接納情緒；(3)做出改變。這三個步驟同樣適用於處理焦慮情緒。

❶覺察焦慮的存在，為焦慮情緒命名

焦慮是一種以模糊感為特徵的情緒，許多時候我們只是心情不好，但又不知道原因是什麼。當你意識到這種感覺就是焦慮之後，就可以參考第一章的「情緒字彙表」，為焦慮情緒命名，這樣你就擁有改變的能力。

每個人焦慮的症狀都不太一樣，有人是坐立不安，思緒片刻不得安寧；有人是腸胃不適，渾身冒冷汗頭重腳輕；有人會失眠，翻來覆去一直想著同一件事；還有人會脾氣暴躁，情緒一觸即發。你可以仔細回想自己焦慮時會有哪些表現，一但能夠識別自己的症狀，就能覺察焦慮的存在。

❷接納焦慮，接受這是人生的必然

當我們焦慮時，得到的建議經常是：「不要再想了！」可是，這樣的建議通常沒用。如果你要自己不去想粉紅色大象，那這頭粉紅色大象恐怕更會在你的腦中賴著不走了。這就好

比一個人如果想要減重，首先就是要接納自己現在不那麼完美的身形，只有先做到這一點，才有力量去控制飲食與加強運動量，然後才有可能變得更好。同樣地，我們要明白焦慮是人生必然會體驗到的情緒，是生活的一部分。當我們焦慮時，可以先靜靜地感受這種情緒，體驗身體因為焦慮而產生的不適感受，你會發現十幾分鐘之後，心情會漸漸平靜，對生活的掌控感也會慢慢回來，於是就擁有改變的力量。

❸行動，做出改變

當我們愈是對一件事感到焦慮時，經常就愈打不起精神去做那件事，還可能會把時間浪費在無關緊要的事情。但是行動是治癒焦慮的良藥，而猶豫拖延只會讓焦慮愈來愈嚴重。

在亮宇的例子中，他的焦慮主要是來自缺乏行動力。後來，經過一段時間的教練會談和自我調整，亮宇終於能夠擺脫焦慮，靜下心來寫論文。經過一年的努力，他終於完成論文，還在優秀的學術期刊上發表。他自己的結論是：「對付焦慮的方法就是『做』！」確實是如此，一旦做了就不焦慮。

如果你也有想動卻動不了的問題，可以嘗試以下的方法：

(1)寫下所有讓你焦慮的事，寫得愈多愈好。書寫本身就是一件非常抒解情緒的事，把焦慮的事情傾瀉而出，就能清空大腦，讓人有更多的空間來處理當下最重要的事。

(2)寫完所有讓你焦慮的事，你還可以羅列行動計畫，思考如何處理那些引起焦慮的事情。

列完之後，你會發現頭腦清晰許多，看起來再大、再複雜的難題，都可以被分解成一系列腳踏實地的行動。

(3)列完行動計畫之後，找出可以在三分鐘之內完成的工作，馬上去做，這類事情雖小，但極占記憶體，及早完成就能夠大幅降低焦慮感。如果還有精力，就可以啟動比較複雜的工作，如果你要寫一份企劃，就算只是打開 Word 檔，寫下標題存檔都好。萬事起頭難，只要開始就可能會持續進行，這樣行動阻礙也就自然消失。

(4)行動的時候，最好一次只做一件事。我能理解那種想要分秒必爭、恨不得長出三頭六臂的心情，但是如果同時放入太多待辦事項，就像電腦瞬間開了太多程式檔案，反而造成速度變慢甚至當機。

我們經常會高估一天、一週、一個月等短期能夠完成的事情，而低估一年、五年甚至更長期可以完成的事情。當我看著滿滿的日程表，擔心無法如期完成時，我都會提醒自己：「人生不是短跑，而是一場馬拉松。可以慢，但不要停。」這樣就能夠平復我焦慮的心情，從滿滿的待辦事項挑出一個目前最重要的事情專心去做。等做完這件事，再進行下一件，不知不覺打勾完成的事項愈來愈多，心情也就愈來愈篤定，愈來愈有成就感。

焦慮之源：心中的小惡魔

第一章提到自我教練模型：事件觸發想法，想法產生情緒，情緒產生行為，行為決定結果。人會感到焦慮，並不是因為事件本身，而是因為對事件的想法。也就是說，是消極的自我對話和自我暗示，造成我們的焦慮。

這些心中的小惡魔就是「內在批評者」（Inner Critic），是源自父母師長或是我們過去失敗的經驗。小惡魔的目的是讓你覺得自己不夠好，它很擅長利用你過去的經驗，讓你自我設限，也會使你花許多無謂的時間回想已經發生的事情，或者擔心未來。其實小惡魔就是我們的負面想法，是許多負面情緒的源頭。

這樣說好像有點抽象，我來舉一個例子說明。

子華會來尋求我的協助，是因為他即將研究所碩士畢業，應該要開始找工作了，可是他就是無法振作精神投履歷求職，反而每天都窩在寢室上網打電玩。他的心裡非常焦慮，卻又無法踏出那一步。

在了解小惡魔的概念後，子華告訴我，他的小惡魔長得很像他爸爸。爸爸從小對子華的課業要求非常嚴格，經常提到：「你要是不好好念書，以後找不到好工作，就只能去做苦工，辛苦一輩子！」因此，子華一直害怕自己真的如爸爸所言一事無成，這種焦慮和不確定感讓他難以跨出找工作的那一步：「如果找不到滿意的工作怎麼辦？那我乾脆不要找了！」

我請子華為他的小惡魔取個名字，他想了想，說：「就叫『窩囊廢』吧！」因為他很擔心自己成為父母眼中的窩囊廢，一輩子「啃老」。「窩囊廢」經常對子華說：「你不夠聰明，條件也很普通，天生就不是可以成功賺大錢的人。」我問子華，如果沒有「窩囊廢」的干擾，他會有什麼不同？子華說：「應該不會那麼在意事業的成敗得失，會更有信心爭取自己想要的生活。」

看到子華的故事，你是否也有所觸動，我們每個人都有自己的小惡魔，每天都會讓我們產生或多或少的負面自我對話和自我暗示，強化許多限制性信念，如：「我不夠聰明。」「我必須做得完美，否則不如不做」「如果我能更有錢，就會非常幸福」但這些話既非事實，也不正確，只會帶來焦慮。

教練練習：找到你的小惡魔

請回答以下問題，找到你心中的小惡魔：

- 你的小惡魔長什麼樣子？可以用語言描述，但畫出來更好。
- 如果要為你的小惡魔取名，它叫什麼？
- 你的小惡魔何時會出現？當時發生了什麼事？
- 你的小惡魔最常對你說什麼？
- 你的小惡魔對你有什麼影響？
- 你的小惡魔來自何處，是具體的人或事件嗎？
- 如果不受小惡魔干擾，你的生活會有哪些不同或改善？
- 最後，你打算採取什麼行動？

馴服心中的小惡魔

找到你的小惡魔之後，我們可以如何面對小惡魔，我還是以子華為例說明。我告訴子華，當下次小惡魔又在說令人洩氣的話時，只需要啟動覺察，意識到這並不是自己的觀點，而是小惡魔所說的話，這兩者是不同的。只要覺察到小惡魔的存在，你不需要做任何事，只需要放鬆深呼吸，並簡單回應「知道了」即可。記住，只要簡單地覺察，不要和小惡魔對話或對抗，因為這樣會給小惡魔更多的關注，然後讓自己落於下風。因此，只要簡單地回應「我知道了」就已足夠。子華在這樣做之後，焦慮的情緒果真減輕不少，不需要靠他人協助，自己就有動力開始找工作了。

許多時候焦慮的產生是因為無法接納原本的自己，當你開始自我接納，焦慮也會煙消雲散。對於舒緩焦慮情緒，冥想是一個有效的方式，在冥想的過程，我們會不時產生一些無關的念頭，這時候不需要苛責自己「為什麼靜不下心」，只需要輕輕地把念頭拉回來，繼續冥想就可以了，我覺得這就是一種對自我的深刻接納。

▶chapter 8

恐懼——害怕發生不好的事，只想待在舒適圈

point **勇敢體驗生命，活出自己想要的人生**

小芸是位大學新生，他希望自己能夠擔任班級幹部，獲得磨練的機會，讓自己更加開朗大方，同時也可以為班級服務。他想自己應該可以勝任輔導股長，因此還特地加入心理學相關的社團，為競選班級幹部做準備。但是在競選的時候，小芸完全不敢上台，一直坐在台下掙扎，因為他不知道上台該如何為自己拉票。他看到班上有那麼多人，而且大部分都是男生，很擔心自己如果上台說話發抖，會顯得更尷尬。整個活動快結束的時候，小芸變得更緊張，雖然他非常希望自己能充滿自信地上台

參加競選活動，但是終究沒有這麼做。最後進行投票表決時，他的內心充滿遺憾而且十分難受，也覺得自己很沒用，他差點就在回宿舍的路上哭出來，到底小芸該怎麼改變自己呢？

從小芸的故事，可以感受到他對競選班級幹部上台說話的恐懼，而且這件事情，也對他的自信和心情造成許多負面影響。

關於恐懼的真相

恐懼是對現實或想像中的危險產生緊張或害怕的情緒。在人類漫長的演化過程，恐懼對於人類的生存有非常重要的影響，會使人遠離危險避免傷害，提高生存的機率。

現代社會的生存環境已經安全許多，很多因應原始危險情境的心理機制已不再適用於現代社會，然而，恐懼情緒卻深深地刻在人類的基因之中，從古至今並沒有多大的改變。

這就代表在現代社會，絕大多數的恐懼都是不必要的。許多令我們恐懼的對象或狀態，實際上並不會對我們的安全帶來實質性的威脅。這些恐懼的情緒不但無法保護我們，還可能影響我們的生活，造成困擾甚至危害。例如，美劇《宅男行不行》（The Big Bang Theory）

的角色拉吉，只要遇到年輕女性就會一句話都說不出來，和異性說話並不會帶來任何實質危險，這種非理性的恐懼就是本章要討論的重點。

你是否正在體驗非必要的恐懼？以下描述的情形是否符合你的情況？

- 單獨面對一兩個人說話沒有問題，但是只要人一多，或是在稍微正式的場合，你就會變得很緊張。
- 你非常害羞，不敢和陌生人說話，也不知道該說些什麼，因此錯過許多和人認識的機會。
- 不敢向喜歡的人表達心意，尤其擔心付出真心卻遭到拒絕。
- 心有不滿卻不敢表達，即使對方是你最親近的人，你也害怕會因此惹惱對方，並擔心之後可能會有的對話和溝通困難。
- 有夢想卻不敢追求，害怕無法實現夢想而失望，或是恐懼因此失去已經擁有的，或讓人看笑話。
- 不想為夢想付出，因為你不想承擔隨之而來的困難。
- 你千方百計地避免失敗，因此畏縮不前，失去許多機會也浪費自己的潛力。

還有一種恐懼不容易被覺察，就是當面對事情時，你告訴自己：「我不是害怕，只是還沒有考慮好。讓我再想想……」事實上，這只是你在面對恐懼時所找的藉口。恐懼是必然會有的正常情緒，然而，恐懼並不是不做一件事的理由。你想要得到結果，實現目標，就必須願意承受隨之而來的害怕、擔心等情緒。

蘇珊．傑佛斯（Susan Jeffers）在《恐懼 OUT》（*Feel the Fear and Do It Anyway*）提到關於恐懼的五個真相。

(1)只要持續成長，恐懼就不會消失。當一個人想要踏出舒適圈時，一定會有恐懼。如果要等到不害怕才去做，那你可能永遠也不會做，因為恐懼是人生不可分割的部分。

(2)擺脫恐懼的唯一方法，就是去做你所恐懼的事。當你直接面對恐懼事物的次數夠多，並且有所克服之後，你就再也不害怕這件事了。你勇敢地面對未知，也證明你有掌控的能力。

(3)使自我感覺良好的唯一方法，就是勇往直前放膽去做。你邁向未知領域的每一步，都幫助你變得更有力量，你會感覺到自己變得愈來愈強大。

(4)不是只有我，每個人在不熟悉的領域都會感到恐懼。認知到這一點應該會讓你鬆一口氣，你絕對不是唯一感到害怕的人，所有的人在未知當中都會恐懼。那些成功的人也會有恐懼的時刻，可是為了達成自己夢想的目標，他們仍義無反顧地行動，你也一定做得到。

(5)相較之下，對生活的無助感要比破除恐懼的阻力可怕許多。當你克服恐懼而有所行動時，你的無助感就會降低，會感到輕鬆和解脫，甚至會覺得自己怎麼沒有早點行動，你會愈來愈確信自己能夠處理生活中的挑戰。

承認自己害怕，但同時仍勇敢地行動，是一個人自信的象徵，也是我們所能做的最有力量的事情之一。

突破恐懼，才能實現夢想

許多人難以實現夢想的主要原因，就是對失敗的恐懼。曾經有學員提到：「我最大的障礙就是無法實現夢想的恐懼，這讓我無法全力聚焦在夢想本身。」我對這種感覺真的是非常熟悉，因為我自己也經常會有「萬一失敗了該怎麼辦」的憂慮。

如果進一步剖析，可以發現對於失敗的恐懼大致可以分為三類：⑴害怕短期內看不到成效；⑵害怕過程中遇到挫折和阻礙；⑶害怕結果無法達成目標。接下來，我將分別進一步說明。

❶害怕短期內看不到成效

史丹佛棉花糖實驗結果顯示，比起能夠延遲滿足的小孩，那些馬上吃掉棉花糖的小孩長大後學業表現較不理想，執行力、壓力處理能力與注意力也較差。

事實上，不只是小孩，延遲滿足對於成年人也是具有挑戰性。在生活中各種能力提升或關係改善，都需要時間累積，不太可能馬上實現。如果抱持短期內就要看到成效的期待，那麼結果就很可能會讓你失望。如果你每走一小步，都需要所謂的「證據」來證明能夠達成目標，否則就難以前進甚至放棄，這樣反而很難達成目標。

正確的做法應該是，即使無法馬上看到成效，但只要確定自己的行動步驟是正確的，就應該堅持下去。在你實現目標的過程，遇到心急焦慮，不確定是否該持續堅持的時候，可以自我提醒：「人生不是短跑，而是一場馬拉松。可以慢，但不要停。」並且問問自己：「我有沒有離自己的夢想更進一步？有沒有朝我想去的方向努力？」如果答案是肯定的，那麼你就是走在正確的道路上。

❷害怕過程中的失敗

莎拉．布蕾克莉（Sara Blakely）在二十多歲時創立了女性塑身衣品牌Spanx，當他談到成功經驗時，提到父親影響自己一生的一句話：「你這週有哪些失敗挫折？（What did you fail at this week?）」從小父親就經常問他這個問題，父親不會特別關心他考試成績是否得到A，或是賣出多少盒童子軍餅乾，父親最關心的是他當週遇到什麼失敗挫折，而他跟父親說了之後，等待他的不是責怪，而是來自父親真誠的祝賀。就這樣，他漸漸明白，失敗不是一件可恥的事，即使失敗，他仍被家人關愛。更重要的是，失敗並不可怕，只要善於反思，失敗正是成功的開始。

在實現夢想的過程，必然會遇到挫折和阻礙，都會帶來或多或少的負面情緒，許多人害怕失敗，其實是害怕失敗所帶來的負面情緒。因此，為了避免體驗這些負面情緒，寧願待在舒適圈，自然也就很難自我突破而有所進步。

但是，在一件事情上失敗，並不代表你就是澈底的失敗者，更不能決定你的個人價值；失敗對你而言代表什麼，完全由你自己的想法來決定。例如，一個人沒通過升遷考核，可以想成是自己不夠努力的「罪證」，但也可以將此化為動力，敦促自己加倍用心，所有關鍵性的決定，全看你怎麼為自己心理建設。當你打算突破舒適圈行動時，可以這樣自我心理建設：

為了達成我的目標，我決定去做這件事。這個嘗試可能會成功，也可能會失敗。無論結果如何，我都會對自己保持關愛，即使失敗也不苛責自己，而是記取經驗，讓自己下次做得更好。

當你這樣想，就會發現自己更有勇氣，更願意冒險、行動，離實現目標也就更近一步。換言之，如果你想要達成夢想，就必須願意接受失敗。失敗並不是可恥的事情，反而是值得慶祝和令人興奮的事情。真正的失敗只有一種，那就是不再努力嘗試。因此，你也可以試著換個角度思考，為了實現自己的夢想，你願意如何失敗呢？

❸害怕結果無法達成目標

害怕無法達成目標，可能也是每個人心中的終極恐懼。如果我考不上預期的學校怎麼辦？如果我沒有做到理想的工作怎麼辦？如果我一輩子都找不到伴侶怎麼辦？光想到這些「如果」就夠讓人害怕的。若是結果沒有達成目標，是不是就代表之前的所有努力都是白費？當然不是，即使你最後沒有實現目標，相信在追求目標的過程，你也有所獲得，這就是「策略性副產品」（strategic by-product）。

如果你為了實現目標，在過程中有所準備與行動，經過時間與點點滴滴的累積，就算最後沒有達成原本預期的目標，你也已經不再是原來的你了。你在這段經歷的過程，或許能對自己的內心有更加深入的剖析，也拓展了相關人脈，還有其他人生經驗的累積，更重要的是，你知道自己原來可以為了夢想如此付出與努力。因此，雖然這條路失敗了，但你還是可以找到許多方式來做自己想做的事。無論如何，你都勇敢地走出舒適圈，對自己的未來更加清晰和堅定。

當然，你由於自己的選擇已經付出沉沒成本（Sunk Cost），因為追求原本的目標，而放棄了其他機會，但這個目標是你當初經過慎重選擇而做出的決定，是你經由自己的夢想、價值觀和專長而做出的選擇，因此，你絕對有能力為自己的選擇負責。一個真正有力量的人，無論選擇哪條路，都能有自信也有本事走下去，看到光明的未來。

害怕成為焦點，上台說話就緊張到語無倫次，怎麼辦

接下來，我們來了解關於上台說話的恐懼，這是一種很常見的恐懼。根據統計，大約有七成五的人，包括我自己，都有上台演講說話的恐懼。面對一兩個人時沒有問題，可是只要人再多一點，或是在稍微正式的場合，上台說話就會變得很緊張。上台前手心就開始冒汗、頭暈目眩，或是腸胃不適，等到上台說話時，腦中一片空白，經常感覺呼吸困難和語無倫次。由於害怕在大家面前說話，許多人無法在人前展現應有的實力，也因此對自己的能力產生懷疑。

實際上，對於大多數人而言，在公開場合說話表達效果不理想，這時候會體驗到的最大痛苦，其實是由於失敗所引發的羞愧、自卑等負面情緒，而情緒只是身體中能量的振動，不會帶來實質性的傷害。因此，我們要先清楚認知，上台說話的恐懼，也是屬於非理性的恐懼。

因此，關於要如何克服上台說話的恐懼，我有以下關於心理與行為層面的建議。

❶對自己抱持正向積極的自我認知

害怕在公開場合說話的人，通常會這樣看待自己：「我的性格很內向，不喜歡拋頭露面。」「我的能力不足，一定會搞砸。」「我不是個有趣的人，別人對我說的話沒有興趣。」這些都屬於負面消極的自我認知。

而自我認知屬於想法，第一章我們提到自我教練模型：事件觸發想法，想法產生情緒，情緒產生行為，行為帶來結果。正是因為這些消極的想法，讓你對於在公開場合說話產生了恐懼的情緒。你要明白，這些內心戲只是你的想法，是主觀的認知，你完全可以有所改變。

自我認知是一股非常強大的力量，你認為自己是什麼樣的人，你的行為就會傾向你所認知的形象。如果你認為自己是個內向、羞澀、不擅長在人前說話的人，那麼，當你想要在公開場合發表自己的看法時，你內心的小惡魔就會大喊：「喂，你是個內向的人，你不擅長在大家面前說話，快回到保護殼裡。」於是你會突然洩氣，手心開始冒汗、聲音變小、結巴顫抖。

只有對自己抱持正向積極的自我認知，才能從本質上變得足夠有自信，克服上台說話的恐懼，你可以將原本消極的認知轉換為積極正向的自我認知：

消極：我的性格很內向，不喜歡拋頭露面。
積極：雖然我的性格內向，但也可以口才很好。

消極：我的能力不足，一定會搞砸。
積極：我在自己擅長的領域是專家，知道許多別人不知道的事情。

消極：我不是個有趣的人，別人對我說的話沒有興趣。

積極：我有我的優點和人格魅力，能夠吸引和我同類型的人。

一開始你可能很難打從心底相信這些話，這很正常，因為冰凍三尺非一日之寒，但你還是要時刻提醒自己，堅信自己就是這樣的人。有一句話叫做：「Fake it till you make it.（弄假直到成真。）」我覺得這句話非常適合有上台說話恐懼的人。假裝自己有自信，擅長在公開場合說話，直到你真正成為這樣的人。

此外，關於內向的部分我想特別說明，內向者在人群中占比大約是三成到五成。內向並不代表害羞，而是內向者喜歡藉由獨處來恢復能量，反之，外向者則喜歡從人際互動中吸收能量。有許多知名演講者都是內向者，因此，內向絕非代表一個人缺乏大眾演說的能力。

❷即使覺得恐懼，也仍然去做

我從小就害怕打針，每次打針時，從坐上診所的椅子開始，看著護理師拿出針筒、抽取藥水，用酒精棉球消毒，我的恐懼值就會一路急速上升，直到針尖刺進皮膚，恐懼值達到高峰……然後我發現，喔，打針其實沒那麼痛嘛。

原來，我對打針的恐懼，已經遠遠超過打針本身的痛苦。

對上台說話感到恐懼，絕對不是逃避在公開場合說話的理由。你可以好好思考，自己害怕的到底是什麼？許多人害怕上台說話，是因為害怕體驗可能隨之而來的負面情緒：「如果我忘詞，我會覺得自己很丟臉、能力不足。」「如果有人反對我的觀點，我會覺得生氣、沒面子。」「如果大家對我講的話沒什麼反應，我會覺得自己不重要、受到忽視。」……

可是，換一個角度想，你鼓起勇氣上台說話之後能帶來最壞的結果是什麼？好像也就是那些負面情緒。一個真正有自信的人，會明白生活本來就是喜憂參半，因此也就不會因為害怕體驗負面情緒而打消行動的念頭，正是因為願意行動，行動後獲得新的能力，就能啟動良性循環，變得愈來愈自信。

因此，如果你害怕上台說話，那麼克服恐懼的最好方法就是上台說話。

❸不過分關注自己

我有一位對上台說話抱持恐懼的客戶，他說自己上台發言的時候，會覺得所有人的目光都聚焦在自己身上，他彷彿站在宇宙的中心，一舉一動都受到關注，只要有一點小失誤就會被無限放大，可想而知他每次上台說話都會非常緊張。

每個人都會關注自己，這是自然而然的事情，但台下的聽眾更關心的是你表達的內容，而不是你穿什麼衣服、是否忘詞或是有口音。因此，我給他的建議是，把注意力從自己身上拿開，放在別人身上，多去關注聽眾想要什麼，準確傳達自己想要表達的意思即可。台下的人不是來看「你」，而是來聽你所表達的資訊，如此而已。一旦改變注意力和想法，上台說話的壓力就減少許多。

❹行為層面的建議

除了之前三個心理層面的建議，在行為層面我也有三個小建議。

首先，練習，練習，再練習。準備充分就會更有自信，但也注意不要過分準備，保留一些可以臨場發揮的空間，這個尺度拿捏需要自己把握。

其次，展開雙手，掌心朝上，像鳥一樣。這個姿勢可以幫助增加自信，也能讓你更放鬆。

最後，深呼吸，也就是腹式呼吸。慢慢地吸氣，從一慢慢地數到八，然後呼氣，再從一數到八，可以重複數次，這也能有效舒緩恐懼的情緒。

覺察、接納、行動：穿越恐懼，獲得勇氣

我在第一章所講的情緒教練方法：覺察、接納、改變（行動），也適用於處理恐懼情緒。因此，當你感受到恐懼時，可以用下面的方法來進行自我教練。

❶覺察：我害怕的到底是什麼？

當你感受到恐懼情緒引起的身體反應，或是因恐懼而猶豫行動時，可以寫下自己害怕的到底是什麼。例如，有一次我想寄合作提案給一位可能有機會合作的對象，但是這封郵件卻

遲遲無法寄出。於是，我在紙上寫下恐懼的原因：

(1)我害怕被拒絕，害怕別人覺得我不重要。

(2)我害怕對方答應之後，接下來的工作需要花費許多心力，會讓我更加忙碌。

(3)我害怕這個合作是錯誤的選擇。

心中有這麼多的恐懼，難怪我遲遲無法發出那封郵件。但是寫完這些讓我感到恐懼的原因之後，我覺得心中的一團亂麻被理順了，也讓我平靜許多。

❷接納：接受恐懼這種情緒

寫下令你害怕的原因之後，不要評斷，而是接納這些原因，因為這些都是你作為人類所體驗到的真實感受。在接納之後，評估這些恐懼是基於真實的危險，還是屬於非理性的恐懼？最壞的結果是什麼？這些恐懼是否對你產生阻礙？

我相信大多數的恐懼都屬於非理性，並且對你造成困擾和阻礙，以我自己剛才的例子來說：

(1)我害怕被拒絕，害怕別人覺得我不重要。

↓**被拒絕再正常不過，遭到拒絕又如何？我又沒有受到實質的傷害。**

(2)我害怕對方答應之後，接下來的工作需要花費許多心力，會讓我更加忙碌。

↓**這不正是我想要的結果嗎？**

(3)我害怕這個合作是錯誤的選擇。

↓**人無法預知未來，選擇是否正確，要試過之後才知道。**

感謝恐懼情緒，讓我重新梳理思緒思考之後，更加堅定要寄出這封郵件的意願。

❸行動：勇敢地穿越恐懼

當你評估恐懼理性與否之後，是否要採取行動，答案已經非常明顯。如果你確定要做，而且這件事可以在十分鐘之內完成，那麼最好立刻行動。即使這件事需要花很長的時間，你也最好能抓住機會馬上啟動，否則你剛才鼓起的勇氣很有可能就會隨著時間而消逝。

世界上最美妙的事情之一就是穿越恐懼，在恐懼的另一頭，是美好的正向情緒，克服恐懼會讓你感到自豪、快樂、輕鬆。當你能夠多次克服恐懼之後，你會變得更勇敢，活出自己想要的人生。

▶chapter 9

憂鬱

做什麼都提不起勁，我是不是有問題

point

沉浸在愛的環境獲得力量，找到讓自己喜悅的事，持之以恆地去做

二十五歲的小韓再一年就要研究所畢業了，可是實驗進行得並不順利，雖然已經重來數次，但結果都不理想，讓他壓力很大，每天都擔心能否順利畢業。他的好友和家人都不在身邊，雖然有室友但卻沒有太深的交情，由於周圍沒有親近的人，因此，小韓不做實驗時就窩在宿舍看劇、打遊戲。但是，後來連打遊戲和看劇都提不起興趣，以前他喜歡彈烏克麗麗，現在也好久沒碰了，更糟糕的是，最近和女友分手，感覺猶如雪上加霜。小韓不願意跟人互動，不願意出門，每天從晚上睡到隔天傍晚再起來吃晚餐，連他自己都覺得很恐怖，但就是爬不起來，除了睡覺，對任何事都提不起勁。小韓現在每天都逼自己出門，害怕自己真的得了憂鬱症。

如何知道自己是心情不好，還是得了憂鬱症

我們在生活中有時會有這樣的感覺：「最近心情不好，情緒非常低落，做什麼都提不起勁。」經常這樣子，你可能就會懷疑自己是不是得了憂鬱症。

其實憂鬱症和憂鬱情緒並不相同，每個人都可能會有憂鬱的情緒，尤其是在遭受挫折之後，也就是我們平常所說的難過、鬱悶、無精打采等等。這些憂鬱情緒在經過自我有意識的調整後，是能夠自行消失的。可是，如果憂鬱的情緒持續了一段時間（通常是兩週以上），並且對生活造成明顯的影響，那就要考慮自己是否有罹患憂鬱症的可能。憂鬱症是一種情緒障礙，如果情況嚴重，需要心理諮商甚至使用藥物等方式介入治療。

憂鬱情緒與憂鬱症的主要差異狀況，包括：

- 憂鬱情緒通常來自具體事件，而憂鬱症的發生不需要特定事件，罹患憂鬱症的人可能會為各種生活小事難過，失去體會快樂的能力。

- 有憂鬱情緒的人雖然心情不好，但還是可以享受日常喜歡的事物；而有憂鬱症的人則會對之前喜歡的事物，完全失去興趣。
- 有憂鬱情緒的人仍然能像平常人一樣日常生活起居；而有憂鬱症的人，睡眠和飲食都會受到很大的影響，有人甚至可能一整天都無法從床上爬起來。
- 有憂鬱情緒的人雖然可能會對已經發生的事感到傷心或後悔，但與憂鬱症患者不同，他們不會過度自我攻擊，不會覺得自己毫無價值或過分內疚。
- 有憂鬱情緒的人不會傷害自己，也沒有自殺傾向；而憂鬱症患者則可能有自殘、自殺的想法甚至付諸行動。

在此要特別強調，本章內容主要是在討論憂鬱情緒。如果你懷疑自己有罹患憂鬱症的可能，建議還是要尋求專業人士的協助，進行相關診斷與治療，在專業的指導下恢復人生的運轉。

除此之外，一般人常見的憂鬱情緒表現如下，包括：

- 沒有能量，很疲累，一直想睡覺，但睡眠品質卻很差。
- 缺乏動力，明明有必須要做的事，卻提不起勁。
- 心神不定，難以集中注意力，記憶力下降。

- 情緒非常低落，甚至會經常落淚。
- 一點微不足道的小事，就能引發強烈的負面情緒。
- 暴飲暴食或是喪失食慾。
- 覺得空虛、麻木、悲觀、沒有希望。
- 可能會暴躁易怒、有濫用藥物的衝動或從事危險行為。

雖然這些症狀每個人都有可能經歷，但身處其中還是會讓人感到非常難受。那麼，造成這些憂鬱情緒的原因是什麼呢？

造成憂鬱情緒的原因

情緒管理的第一步是覺察。因此，想要減少憂鬱情緒，需要先找到憂鬱的起因，導致一個人感到憂鬱的原因有很多，我整理出以下五種常見的原因供大家參考。

❶發生負面事件

引起憂鬱情緒最常見的原因就是生活中發生的負面事件，如失戀、離婚、重大疾病、親人離世等。在經歷人生的重大挫折後，感到痛苦憂鬱是一般人正常的反應，並不一定是得了憂鬱症。生活中遭逢重大變故確實讓人非常難受，但這確實也是人生的一部分。

我在第三章提到世界上有三種事：我的事、他的事和老天的事。「我的事」是你可以全權掌控。「他的事」是你可以影響，但不能掌控。「老天的事」就如同命運和機會，任何人都無法掌控。因此，當你遇到挫折和人生變故的時候，你都可以思考，這是屬於「我的事」、「他的事」，還是「老天的事」？如果是後面兩種事，無論你做什麼或不做什麼，可能對結果都沒有決定性影響。這樣想，也許會讓你感受好一點。

❷消極負面的思維模式

容易憂鬱的人通常都有比較消極負面的思維模式，如「我不夠好、都是我的錯、我毫無價值」等，就是這些負面的想法引發憂鬱的情緒。因此，如果你感覺自己陷入憂鬱的漩渦，可以書寫情緒日記。在「情緒」欄位寫上「憂鬱」，然後回頭在「想法」欄位寫上造成憂鬱的想法。寫完之後，問問自己，這些想法有多少是真實的，又有多少是你的想像？這些想法對你有好處還是壞處？如果只有壞處，為什麼還要這樣想？如果你希望體驗更正向的情緒，需要如何調整你的想法？

❸原生家庭

從事情緒教練之後，我發現許多人會把自己的痛苦完全歸咎於原生家庭。例如「父母離婚，我覺得是我的錯，因此從小到大都很自卑」，或者是「我家重男輕女，因此我一直缺少關愛」等。原生家庭固然重要，但並不是唯一的影響因素。

我們每個人至少都有三個自我，一個是由基因決定的自我，另一個是在環境與文化影響下的自我，還有一個是由我們自己所追求的人生目標與價值所定義的自我。而最後這一個，才是最重要、完全屬於自己的自我。自我成長就是為了發展這個自我，前面兩個自我無法受我們控制，但第三個自我就是一個成年人需要對自己擔負的責任。你的未來就在自己手裡，需要自己的行動實現。

在我的教練生涯與客戶互動的過程，我發現面對問題，追溯是家庭或自己的責任意義都不大，重要的是為什麼一個人會保留自己不喜歡的模式？是什麼阻礙了改變？這些問題可以透過自我教練幫助面對。

❹生活缺少意義感

產生憂鬱情緒的一個主要原因，就是人生缺乏意義感。對什麼都提不起興趣，沒有熱情，覺得生活很無聊。頹廢，空虛，假裝無所謂，覺得什麼都一樣，不敢去愛、去冒險、去體驗，是當下社會不少人的生活狀態。正向心理學認為，意義感對於人的幸福至關重要，要如何獲得意義感，主要來自四個方面：

- 歸屬（Belonging）：與家人、朋友或團體建立緊密的連結，你可以感受到自己原本的面貌，感受被愛，被接納。
- 使命（Purpose）：以自己的專長服務他人和社會，做有價值的事。使命感來源可能是工作，也可能是其他方面。許多人當了父母之後，在陪伴孩子成長的過程經常會體驗到強烈的使命感。
- 願景（Vision）：知道自己的內心真正想要什麼，想要成為什麼樣的人。
- 超然（Transcendence）：這個其實就是把關注焦點從「自我」轉移到更廣闊之處。有人從凝視星空體驗到超然感受，有人是透過藝術，還有人是做自己喜歡的事。

如果你覺得生活缺少意義感，不妨可以從以上四個層面，尋找生活的意義。

❺惡劣的人際關係

有句話很有意思：「斷定自己『沒自信、憂鬱』之前，先看看周圍是不是都是一堆混蛋。」

許多情緒問題，最後都是人際關係的問題，惡劣的人際關係，也很容易導致憂鬱情緒。有不少人會這麼覺得：「我和室友／同學／同事的關係不好，嚴重影響心情，到底該怎麼辦？」

我們當然想和身邊的人都有良好的關係，也想讓每個人都喜歡自己，這是人之常情。我想鼓勵你做一個高情商的人，一個善良的人，擁有良好的人際關係。但現實就是，無論如何就是有人會不喜歡你。《被討厭的勇氣》（嫌われる勇気）書中提到，如果有十個人，其中勢必會有一個人，無論遇到什麼事都會批判你。他討厭你，你也不喜歡他。而且這十個人當中也會有兩個人，能夠成為與你互相接納的好朋友。剩下的七個人，兩者都不是。這時候，你是關注討厭你的那個人呢？還是聚焦於非常喜歡你的那兩個人？缺乏人生和諧的人只關注討厭自己的那個人，並以此來判斷「世界」。

因此，如果你因為人際關係而憂鬱，可以想想自己是不是把太多注意力都放在討厭你的人身上。我覺得快樂的祕訣之一，就是讓自己被愛你、喜歡你的人圍繞。

陷入憂鬱情緒，如何自救

當你陷入憂鬱情緒，但尚未到需要專業治療的程度時，可以先嘗試運用自我教練的方法來自救，以下是我的一些建議。

❶覺察哪裡出了問題

當你心情莫名低落，就應該敏感地啟動自我覺察的機制，參考前面所提「常見的憂鬱情緒表現」，看看自己是否陷入憂鬱的情緒，為情緒命名是情緒管理的第一步。此外，也可以參考「造成憂鬱情緒的原因」，進一步覺察你的憂鬱情緒來自何處，是否在工作中遇到挫折、過去不好的經驗、生活缺乏意義感，或是有人際關係的困擾等等，找到原因就比較容易對症下藥，找到解決辦法。

許多人莫名難過，卻找不到原因，可能是因為缺乏對自我了解和體會的能力。如果一個人在成長過程中，自己的真實感受不斷遭受忽視，就有可能會失去與自我的連結，認為自己的感受不重要，對自己的情緒不夠敏感。幸好，對於自身情緒的感受力，是可以透過不斷地自我覺察而增強，而書寫情緒日記就是非常好的方法。

前述所說五種造成憂鬱情緒的原因，其中消極負面的思維模式是最難察覺的。在第七章所提小惡魔的概念也可以在這裡應用，小惡魔就是腦海中喋喋不休的負面想法，看似有道理，但通常與現實相距甚遠，是許多憂鬱情緒的源頭。

本章一開始提到的小韓，小韓因為前幾次的實驗失敗，讓他覺得憂鬱和焦慮，擔心無法順利畢業。如果他留心覺察，就能發現自己內心的小惡魔：「這麼簡單的實驗都做不好，實在是太笨了，誰會給這樣的笨蛋碩士學位？」「別人都可以，就是我不行。」「拿不到畢業證書，就別想要找到好工作，真是太丟人了。」「好幾次實驗都失敗了，還有繼續嘗試的必要嗎？」……

如果內心充滿這麼多負面想法，當然就會感到憂鬱。因此，情緒自救的第一步，就是抓到這些負面想法，然後堅定地告訴自己：「這些都是小惡魔的聲音，不代表真實的我。真實的我有實力也有能力，為了實現夢想和目標，我願意努力嘗試，發揮自己真正的潛力。」

❷接納情緒，接納自己

作為一名心理學工作者，我也時常因為生活中的挫折而影響心情，有時也會陷入消極負面的思維模式。但經過多年的自我教練，我能夠很快地覺察負面情緒產生的源頭，知道不能過分壓抑自己的情緒，懂得與情緒共處，明白情緒也是生活中不可缺少的一部分。

當我難過時，就會寫情緒日記，抒發內心的想法和感受，或是與家人朋友聊聊。當我情緒低落時，就讓自己休息一會兒，早點上床睡覺，慢慢補回精力。當工作效率不佳時，了解憂鬱情緒的影響，不自我苛責，給自己調整的時間。我很喜歡電影《亂世佳人》（Gone with the Wind）電影結尾女主角郝思嘉說的那句：「After all, tomorrow is another day.（無論如何，明天又是新的一天。）」每天都是新的一天，即使今天什麼都沒做，當明天太陽升起，你仍然可以選擇繼續努力。

憂鬱的人經常會聚焦在不好的小地方，而忘記觀看全局。接納自己也就是看到生活中好的那一面，看到自己目前已經有的成就，告訴自己實際狀況並沒有想像中那麼差。我有個朋友生完小孩後，陷入了輕度的產後憂鬱，因為他的寶寶比預產期提前兩個多月出生，在加護病房住了好幾天。雖然寶寶已經平安出院回家，但我朋友卻還是忍不住地想：「為什麼我的寶寶會早產？萬一以後有後遺症該怎麼辦？我是不是做錯了什麼？」因此，他的情緒非常不好，再加上照顧新生兒和賀爾蒙的波動，動不動就以淚洗面。

要舒緩這位朋友的憂鬱情緒，就需要引導他跳脫當下的負面事件，客觀看待事情的全貌。例如，幫助他意識到，早產並非媽媽的錯，而且寶寶現在很健康，許多早產兒都成長得很好，只有媽媽開心，才能好好地照顧寶寶，同時，他和寶寶身邊還有家人無微不至的照顧。經過一段時間的調整，現在的他已經更能夠接納自己的現況，也大幅舒緩了憂鬱的情緒，開始享受與寶寶相處的快樂時光。

❸改善憂鬱情緒的方法

經過覺察和接納，就可以開始調整改變。下面幾個方法都是經過實證，可以幫助舒緩與改善憂鬱情緒的方法。

(1)充足的睡眠與良好的睡眠習慣。當一個人憂鬱時，睡眠習慣也可能會發生改變，不是睡得太多不想起床，就是熬夜睡眠不足，或是睡眠品質不佳。睡眠時間過多過少都不好，都有可能加重憂鬱的症狀。因此，每天睡眠時間約維持六到八小時，並盡量固定時間就寢和起床，這樣才能夠維持充足的精力，並為生活帶來穩定感。

(2)健康飲食。雖然沒有治療憂鬱的神奇食譜，但食物對一個人的精神狀態也有重要的影響。咖啡因、酒精、無營養的垃圾食物和碳酸飲料都有可能加重憂鬱的症狀，最好能夠減少攝取，多吃瘦肉、蔬菜等健康的食物。

(3)運動。陷入憂鬱情緒的人，可能最不想做的事就是運動，但是運動確實是抒解憂鬱非常好的方式，運動產生的多巴胺能夠讓人快樂起來，就算是短暫出門散步也非常有幫助。大自然和陽光對人的身心健康也都有療癒效果，到大自然走走，曬曬太陽與呼吸新鮮空氣，都會讓人感覺變好。

(4)音樂。音樂能提升人對正向情緒的感受力。當你感到憂鬱時，不妨聽聽喜歡的音樂，讓自己沉浸其中，或是聽一場音樂會，與他人一起欣賞能夠讓人感受到強大的連結感。當然，自己演奏音樂也非常好，即使沒有專業的訓練，只要真心喜歡，就能夠體會演奏時所帶來的心流。當我心情不好時，喜歡彈鋼琴或烏克麗麗，再跟著旋律哼唱幾句，雖然五音不全，但那種無拘無束的感覺真的很不錯。

(5)讓生活更有計畫。我有一位客戶因為失戀，心情大受打擊，他說平常上班忙碌時還好，但只要一到假日就不知道要做什麼，他花了很多時間反覆回想過去，愈想愈憂鬱。我建議他提前安排週末的活動，無論是健身、朋友聚會，還是閱讀或其他平時想做而沒做的事。這樣到了週末他就有行程安排，不會因為什麼都不想做，而陷入憂鬱的陷阱。

(6)與他人連結。當你憂鬱時，可能會封閉自己，不和任何人交流，但這樣會讓憂鬱情緒更嚴重。你可以試著主動與你愛的家人朋友聯繫，告訴他們你的感受，尋求理解和幫助。如果不能見面，透過視訊、通話、傳簡訊也可以。許多人不願意麻煩別人，或覺得沒有人在意自己，你必須要知道，這些都是你內心小惡魔的聲音，並不代表事實。告訴自己：「我值得被愛，別人關心我，正如我也關心他們。」

(7)慶祝成功。憂鬱的人通常自我價值感較低，無法看到自己的長處，會把注意力集中在自己做不好的地方。如果你也是如此，可以試著書寫「成功日記」，記錄自己點點滴滴的成就，如：完成一項工作、維持一個習慣一週、做了一道好吃的菜餚等。每完成一個目標，無論大小，都為自己慶祝獎勵。慶祝之後就繼續向前，用一次次成功的經驗來面對未來可能出現的失敗與自卑。

(8)練習感恩。感恩能夠大幅提升人的幸福感。當你憂鬱時，也許會覺得自己是世界上最不幸的人，想不到什麼值得感恩的事。但正因如此，才更應該練習感恩的心態，因為這可以幫助你把注意力從負面消極的事情轉移到正向積極的事情，而正向的能量能夠吸引更多正向的事物來到你身邊。如果實在想不到有什麼好事，可以試著感恩那些在生活中，你以為是微不足道的小事，或你習以為常、一直被你忽視的人事物。記錄值得感恩的事情，甚至寫一張卡片給你感恩的人表達心意，這樣能有更好的效果。

教練練習：讓你的心靈唱歌

當我們憂鬱的時候，難免做什麼都提不起勁，甚至自我封閉，到頭來，這些行為又會加重你憂鬱的情緒，形成惡性循環。這時候，你就需要透過行動，走出憂鬱的漩渦。

心靈唱歌就是發自內心地感到喜悅和滿足，你會感覺所有的煩惱和憂慮都消失了，身體和精神也放鬆下來，嘴角不自覺地上揚，心中充滿平和與安寧，整個人彷彿都被籠罩在溫暖的光暈中，對自己、對他人和整個世界都會由衷地喜愛。

你可以試著列出會讓你心靈唱歌的事。在我的清單中包括：在冬日暖陽下閱讀、運動後大汗淋漓舒暢的感覺、和孩子依偎在一起說故事等等。一時寫不完整也沒有關係，你可以持續觀察自己，也可以繼續增加內容，直到你擁有自己獨一無二的「快樂寶典」。

下一次，當你覺得憂鬱的時候，就可以從這些事情挑出一兩樣來做。在我眼裡，所謂的幸福，就是找到讓自己喜悅、有意義的事，然後持之以恆地去做。

▶chapter 10

嫉妒

就是見不得人家比我好，感覺好差

point

將不足轉化為助力，將有限的精力聚焦在自己真正的目標

我的客戶巧巧說自己一直活在別人的陰影之下，他有一個高中就認識的朋友，功課很好，人也長得漂亮，男友還是受歡迎的校草。後來他們又上了同一所大學，於是他感覺自己在各方面都被這位朋友比下去了，朋友以優異的成績獲得獎學金資格，還是學校英語演講比賽的冠軍，而他自己因為緊張，表現失常，初賽就遭到淘汰。巧巧身邊不少男生都暗戀這位朋友，而他覺得自己在那些男生眼裡，就只像哥兒們一樣。巧巧和這位朋友在生活中有很多交集，但他真的不想看到任何關於他的消息，因為對方的優秀會刺激巧巧，覺得這些好像都在提醒他自己是多麼的平凡。巧巧說自己甚至希望朋友發生不好的事情，他覺得自己好陰暗，感覺非常痛苦。

也許你經常聽到有人會理直氣壯地表示自己生氣、焦慮、憂鬱，但很少聽到有人大方承認自己嫉妒，因為一般會認為嫉妒是一件不光彩不道德的事。但其實嫉妒是一種非常正常的情緒，即使是一個稚齡小孩看到弟弟或妹妹出生後，得到父母更多的關愛，就有可能感到嫉妒，這就是常見的手足競爭。

認識綠眼怪獸

嫉妒是指由於別人擁有你所渴望但自認為無法擁有的東西，而對人產生不滿或怨恨的情緒。這種情緒在英文被形容為「綠眼怪獸」（the green-eyed monster）。其實，嫉妒是人性的一部分，我們都有可能在人生的某個階段羨慕別人擁有的東西，甚至產生嫉妒的情緒。如果能夠善用這種情緒，可以轉變成正向積極的動力，激勵自己付出更多努力，得到想要的東西。然而，有些嚴重的嫉妒情緒可能會發展成怨恨：「我不只想得到你擁有的，而且還希望你失去。」這種怨恨的情緒就超出正常的嫉妒範疇，可能會為自己或其他人帶來危害。

莎莎和美美是大學同班同學，畢業後又到同一家公司工作，彼此的職等相同，工作內容也類似。莎莎很善於交際，經常和主管吃飯聊天，也很用心於工作，漸漸地，他在公司發展愈來愈好，沒過幾年就獲得升職。美美看到莎莎比自己快升職，心裡很不是滋味，覺得一定是莎莎逢迎拍馬，才有升遷的機會。更讓美美不爽的是，莎莎得知公司內部有一個培訓計畫，卻沒有將訊息跟自己分享，只顧著自己申請，還獲得錄取。美美心裡非常嫉妒，卻又無法指責對方，於是，他一有機會就和同事說莎莎的閒話，在公司裡傳了不少關於莎莎的謠言。雖然美美會有一時的快感，但在內心深處非常不安，生怕莎莎有一天會來找他對質。因為嫉妒和焦慮，美美每天都失眠，已經嚴重影響自己的身體健康和工作效率。

關於嫉妒和怨恨，卡內基（Dale Carnegie）曾經提到，當我們怨恨自己的敵人時，就是把自己的力量拱手讓人，允許他人控制我們的睡眠、胃口、血壓、健康，甚至快樂。曼德拉（Nelson Mandela）也曾比喻怨恨就像自己喝下了毒藥，卻期待敵人毒死。

嫉妒會讓人無法專注於自己的道路，而把目標頻頻投向其他人，他人的每一點成功在嫉妒的人眼中都代表自己的失敗，這無疑是對自信殘酷的打擊。嫉妒也會讓人看不到自己擁有的東西，永遠都無法快樂滿足。此外，你所嫉妒的人一定在某方面有過人之處，有你所沒有的資源，但是嫉妒難免會有損你與對方的關係，無形之中你也失去了一些可能性與機會。

嫉妒產生的原因

嫉妒產生的原因在於錯誤的思維模式，以下是常見容易導致嫉妒的心態狀況。

❶匱乏心態

匱乏心態（Scarcity Mindset）很容易導致嫉妒，這種心態會讓人誤以為大海裡只有一條魚，別人得到之後，你就沒有了。零和賽局（Zero-Sum Game）理論，認為社會的資源有限，一方的收益代表另一方的損失，雙方收益和損失的總和為零。雖然在極端嚴格的競爭環境下是如此，但在大多數情況下，零和賽局理論並不成立。其他人找到好工作，並不代表你就無法找到好工作；有人追求者很多，也不代表你就無法找到你的另一半。大海裡真的有非常多條魚，每個人都有足夠的機會，我們完全可以創造雙贏的局面。

❷因比較而產生的自卑感

嫉妒源自於比較，容易嫉妒的人經常會拿自己的弱點和其他人的強項做比較，愈比就愈覺得自己一無是處。就像本章一開始提到的巧巧，眼裡看到的都是嫉妒對象的優點，卻看不到自己的獨特之處。事實上，巧巧的人緣也很好，和大家都相處融洽；他很有運動細胞，是學校的籃球校隊；他有一個溫暖的家庭，有關愛自己的父母……每個人都應該找到自己的長處，意識到自己的獨一無二。

許多人在社群媒體看到朋友度假的照片、事業的成就、新買的手機或包包時，會感到不太舒服，馬上聯想到自己已經很久沒有度假、事業受挫或是省錢刻苦度日，然後就產生嫉妒或自卑的情緒。事實上，我們看到的都是他人光鮮亮麗的表象，是對方想要展現的面貌，但是關起門來，他們的內在也許和我們一樣，都需要付出許多的努力才能戰勝自己的不安全感。拿自己最脆弱陰暗的「裡子」和其他人光彩照人的「面子」相比，一定會輸得一塌糊塗。

即使你在某方面確實不如他人，但一輩子很長，人生際遇高低起伏，真的很難斷定誰會是笑到最後的人。因此，盲目地與他人比較真的沒有意義，不如認真過好自己選擇的人生。

❸不知道自己想要什麼

有些父母羨慕朋友的小孩聰明，三歲就能夠背英文單字、四歲就會彈鋼琴，同時又羨慕沒小孩的人有時間玩樂和享受人生。他們似乎沒意識到，自己所羨慕的是兩種截然不同的生活，說到底，他們其實並不知道自己想要的究竟是什麼。

人的時間與精力有限，不可能全方位都做到完美。在某方面有所追求，難免必須在其他方面有所取捨。在嫉妒其他人之前，不如先問問自己：對方得到的是我真正想要的嗎？如果必須精選目標，我會選擇保留什麼呢？專注於自己的道路，就不會容易受他人的狀態影響而產生嫉妒的心理。

❹期待絕對的公平

有些人對他人產生嫉妒和怨恨的情緒，是因為覺得不公平。

「我工作這麼努力，只有升職加薪才算公平。」或者「我是一個好人，應該擁有我想要的一切。」但是世界並非如此運轉，而是自有一套運行的法則。從某種程度上來說，這個世界本來就不公平。要求絕對的公平是一種小孩子的心智模式，如果小孩覺得不公平，除了抱怨、大哭，沒有別的路可走，因為他們無力抗拒，怨恨是唯一的反抗方式。但是已經成年的你，要意識到自己已經擁有選擇的權力，與其進行毫無意義的嫉妒和怨恨，思考公平或不公平，不如選擇利用寶貴的時間做更有意義的事，提升自己的能力。

此外，你也要明白，其他人看似毫不費力就得到你想要的東西，但實際上背後可能是超乎你想像的努力與付出。我們不能只盯著對方人前成功的一面，卻忽略對方背後付出的努力。

前面提到美美很嫉妒莎莎在工作上的成功，後來，美美是如何擺脫嫉妒的心態呢？有一次，美美和莎莎一起吃飯，莎莎很感慨地說：「我這幾年除了日常的工作，每週我都會為自己額外訂定業務目標，無論上班多累，我都會打起精神完成這些額外的工作，已經持續幾年了。雖然這樣很累，卻能精進我的業務能力，得到過去根本不敢妄想的機會。」

聽到這些話，美美釋懷了，他終於了解莎莎之所以在工作上有所發展，是確實付出了相當的努力。於是，他的嫉妒情緒消失，動力油然而生：別人可以經由努力做到的事，相信自己也可以。從此之後，美美減少追劇、逛街的時間，為自己訂定更高的工作目標和計畫，和莎莎的關係也變得更加融洽。

覺察與接納，讓嫉妒成為你的助力

嫉妒情緒不難覺察，你可以對照以下描述，看看自己是否正處於嫉妒的感受之中？

- 你會忍不住和他人比較自己的財富、成績、外貌、家人等等。
- 當別人分享好消息時，你很難真心為對方感到高興，而是會嗤之以鼻或覺得痛苦，心情變差。
- 當（潛在）對手有所成就時，你會覺得厭惡和焦慮，認為對方「竊取」了你的勝利果實。
- 有好資源時，你不願意和人分享，希望知道的人愈少愈好。

- 你不喜歡和比你有成就、好看的人互動，比較喜歡和不如你的人做朋友。
- 經常抱怨這個世界不公平，你覺得自己的付出沒有得到應有的回報。
- 你會有意無意地對人誇大自己的成就。
- 有時當其他人發生不好的事情，你會有幸災樂禍的心態。

覺察和接納能夠引導自己對嫉妒深入省思，嫉妒本身雖然不好，但和所有的負面情緒一樣，嫉妒也表達了你沒有被滿足的願望。因此，你可以觀察自己嫉妒什麼樣的人，對方擁有什麼是你沒有但卻想要擁有的？然後，善用嫉妒情緒，轉變成自己尋找人生目標的北極星，讓願景更加清晰，努力接近你想成為的樣子。

經常聽到有人說「羨慕嫉妒恨」。事實上，適度的「羨慕」和「嫉妒」可以成為提升自我的動力，只要不發展到「恨」的程度，危害到自己和他人，你就可以讓嫉妒為己所用，獲得成長的動力，讓自己變得更好。

擁有豐盛心態，減少嫉妒與怨恨

如果你發覺自己的嫉妒已經超出理性的範疇，變得不受控制，並且帶來困擾，那麼以下幾個方法或許可以幫助你減少嫉妒和怨恨的情緒。

❶擁有豐盛心態

與匱乏心態相反，豐盛心態（Abundance Mindset）是指相信有足夠的資源能夠與人分享。如果擁有豐盛心態，你就會認為人生是可掌控的，藉由努力可以創造自己想要的結果，因此你不會嫉妒其他人的成功。而且，你會真心為朋友獲得的成就而高興，你不會覺得其他人的成功會讓你失去機會，你會相信每個人都有足夠的機會，可以創造雙贏的局面。再進一步思考，其他人做得到，代表未來充滿無限可能，你也可以做到。

我從事情緒教練工作多年，經常與人分享如何成為一名教練，需要接受哪些專業訓練，有何成功或失敗的經驗。有朋友會不解地問我：「如果愈來愈多人成為教練，難道不會跟你搶飯碗嗎？」其實，我還真的沒有這麼想過，因為我覺得自己並不需要**所有**人都成為我的客戶，我只需要**一些**和我有緣的人成為我的客戶就已足夠。換句話說，我並不想要整片大海，即使把整片大海都給我，我也消受不起。因此，我很樂意看到有更多的人投入情緒教練的領域，並帶動情緒教練在業界快速發展，從長遠來看這對我也是好事。

如何才能夠擁有豐盛心態，減少嫉妒情緒呢？可以試試以下兩個方法。

學會感恩。當你嫉妒別人的時候，不如換個角度，想想自己的優勢，感恩你已經擁有的，永遠不要認為自己已經得到的東西很渺小，許多你認為是理所當然的人事物，可能是其他人夢寐以求的願望。

學會欣賞。當你需要和你嫉妒的對象互動之前，可以思考對方有哪些部分可能會令自己感激或欣賞，這樣你的心態就會更加正向。帶著正向的心態和對方互動，對方一定也能有所感受。例如，前面提到的巧巧，雖然嫉妒他的朋友，但他們一起離家上同一所大學，他還是很感激這位朋友在他想家時陪伴著他，而他真的很欣賞這位朋友的開朗，讓兩個人相處的時光經常充滿歡笑。這樣想之後，他的嫉妒情緒真的減少許多。

❷將對方視為合作者，而不是競爭者

在現代社會，人與人之間需要更多的溝通與合作。容易嫉妒的人通常會用非此即彼、非贏即輸的角度看問題，但是從長遠來看，雙贏才是最符合自身利益的選擇。因此，當你嫉妒一個人的成就時，不妨試著轉換視角，不要將對方視為競爭對手，而是找出彼此合作的契機，互相扶持，讓雙方都成為更優秀的人，創造更多的價值。

美美之前一直嫉妒莎莎的工作表現，甚至背地裡製造莎莎的謠言，這種做法害人害己，不但對莎莎造成困擾，也有損自己在同事眼中的形象。後來，美美終於真正了解莎莎為工作背後付出的心力，當他放下嫉妒之後，反而由衷地敬佩莎莎的毅力和專業，他決定不再把莎莎當成假想敵，而是一同前進的夥伴。自此之後，他們有了更多的互動，美美全力支持莎莎的工作，衷心為對方的成就感到高興。而人與人之間的感覺是互相的，當莎莎感受到美美的支持，他也回應美美更多的信任與幫助。美美在公司心情愉悅，工作表現也迅速提升，他得到一個知心的朋友和一個強有力的合作者。

美國企業家吉姆・羅恩（Jim Rohn）認為，你的成就由你的交友圈決定，你現階段花最多時間相處的五個人平均起來，就會是現在的你。這種說法不無道理，如果你想精進，那麼就試著和你最欣賞、最想成為的人互動，不用嫉妒那些人的成就，而是從對方身上汲取動力，激發彼此最好的部分。

❸專注在自己的目標

你的鄰居買了一輛瑪莎拉蒂，與其嫉妒對方，不如先問自己：「我真的那麼想要一輛超跑嗎？」有個減緩嫉妒情緒的有效方法，就是把聚焦在他人的目光收回，專注在自己的目標。你可以參考第五章，想想自己的人生願景，你希望成為怎樣的人？你未來的事業和家庭？你希望別人如何評價你？你還可以思考自己的核心價值，哪些對你而言最重要，是愛、財富、成就還是內心的平靜？你如何定義成功？

想清楚了，就比較能夠讓你全神貫注地去做讓自己開心和有成就感的事情，就會慢慢忘記無謂的比較，你忙自己的事情都來不及，怎麼還會有心思去嫉妒別人呢？

當巧巧因為那位朋友拿到獎學金而嫉妒的時候，我請他思考幾個問題：

- 我真正想要的是什麼？
- 我已經用盡全力爭取我想要的結果嗎？
- 我相信自己可以達成目標嗎？
- 我可以藉由他人的成功來鼓勵自己嗎？

經過教練會談的過程，巧巧有了許多新的覺察。他發現自己真正想要的，是大學畢業後去北美就讀研究所，他想看看外面廣闊的世界，而且最讓他驚訝的是，原來自己其實並沒有如想像中那麼努力。一旦想通之後，接下來需要做什麼就非常清楚了。他也發現自己對那位朋友的感覺在悄悄地發生變化，從嫉妒轉變成以對方為榜樣，讓對方成為自己努力的動力、前行的夥伴。不知不覺中，他也變得更加自信。

當你把注意力從令你嫉妒的對象身上移開，專注於自己的目標，就能發現這個世界有多麼遼闊。

▶chapter 11

憤怒

經常感覺被冒犯，為什麼偏偏惹到我

point 覺察憤怒背後的需求，平靜表達，創造成長的契機

小凱一直希望自己能夠大器不計較，但在現實生活中，他卻經常為了一點小事而動怒發脾氣。小凱經常感覺自己被冒犯，他覺得其他人都不了解他，但小凱對自己的觀點也很固執，一旦受到反駁就很容易生氣。

回溯過往，小凱說自己的母親就是個易怒的人，常常一句話不對就開始吼他，而且還會無來由地批評他。母親總是說自己脾氣不好，因此小凱一直想做脾氣好的人，

因為脾氣不好實在很容易傷害人。但是不知不覺，他還是受到母親的影響。小時候，小凱膽怯不敢表達，對於觸犯他的小事，只會在心裡嘔氣反覆回想。而現在更有力量之後，他會選擇讓憤怒爆發。但是為了減少人際間的衝突，他現在只能盡量不與人有太多的交集，因為交集一多，摩擦也會增加。

憤怒是一種常見的情緒，就拿我自己來說，我通常在一天當中至少會感受到十幾次的憤怒情緒，我會因為小孩不聽話而生氣、因為和先生爭論誰該做家事而生氣，因為自己沒有按進度完成稿子而生氣……那麼，關於憤怒，我們究竟了解多少？

你的「自動販賣機」是什麼

憤怒是一種特別的情緒，因為憤怒帶來的不是只有痛苦，還有一點爽快的感覺。憤怒會讓人有一種情緒宣洩的感受，帶有力量感，當我覺得先生應該要去洗碗，可是他卻躺在沙發上的時候，我是在心裡默默流淚比較有力量感，還是和他吵一架比較有力量感？當然是後者，可是，除了表面上的一點點爽快，憤怒帶來更多的是痛苦和傷害。

大師級教練布魯克．卡斯蒂洛曾提過，每年都有不少人死於自動販賣機。因為在投幣之後，有時候商品會卡住沒有出來，有些人會特別憤怒，因此動手搖晃或用腳踢販賣機，結果沉重的機台倒下就把人壓死了。

這些人有理由憤怒嗎？當然有，他們付了錢，卻沒有拿到東西，實在太不公平，憤怒情緒的意義就是發送訊號，提醒我們事情不對。但是，為什麼一旦憤怒發作，我們就很容易被情緒控制而失去理智，做出不該做的事情？

悲劇的發生，是因為我們沒有控制自己的憤怒，讓憤怒蔓延。如果我們能夠把憤怒轉化成建設性的行為，如找管理員修理機台或申請退費，憤怒的情緒就不會擴散，甚至能夠獲得解決，那麼自然就不會造成傷害。因此，當你出現無法壓抑的憤怒，立刻先問問自己：「引發我憤怒的事情到底是什麼？如何才能解決問題？」這樣比較能夠在造成傷害之前，就避免憤怒情緒的擴散。

為什麼有些人特別容易生氣

有些人特別容易生氣，在其他人眼裡微不足道的小事，都會讓這些人大發雷霆，為什麼這些人特別容易生氣？事實上，基因、家庭等因素都有影響。

有些小孩天生性格就比較急躁，很容易因為一點小挫折而生氣，而且還不好安撫，這種性格上的差異在小時候就能夠觀察出來。

此外，家庭對一個人的性格也有影響，許多容易生氣的人來自功能不足的家庭，有脾氣不好的父親或母親，由於沒有從家人身上學會如何健康地表達自己的情緒，因此只會用怒氣爆發或隱忍等方式處理憤怒。基因或家庭因素或許無法自己選擇，但思維方式則可以由我們自己控制。整體而言，容易生氣的人經常會有以下三種思維模式。

❶對自己的觀點過於執著

有些人很難接受其他人不同意自己的觀點，一旦想法遭到質疑，就會覺得自尊心受損，感到很不高興，彷彿整個人都受到否定。這樣的人就很容易鑽牛角尖，並且極力捍衛自己的觀點，如果無法獲得認同就會生氣。

如果你也是如此，那麼你需要學會分辨「你的觀點」和「你自己」，因為「你」不等同於「你的觀點」。當有人認為你哪句話說錯、哪件事做得不對的時候，並不代表對方在質疑你這個人，你只需要「就事論事」就好。當你學會放下過分頑強的自我（ego），也就會減少許多讓你感受憤怒的理由。

❷覺得其他人在針對自己

有時候我們感到憤怒，是因為其他人的行為讓我們生氣。例如同事來上班時臉色不佳，你和對方打招呼，對方也沒有回應，這時你可能就會生氣，決定再也不主動和對方說話。事實上，其他人對你的反應其實是他們自己內心的反射。人都有自己需要面對的問題，以及需要處理的負面情緒，你的同事很可能那天剛好心情特別差，對你的態度只是反應出他當時的心情，但這其實和你並沒有太大的關係。

如果你因為別人的壞心情而讓自己的心情跟著變差，豈不是非常不值得呢？

❸長時間沉浸在負面想法，不懂得放手

有一次，我和先生在睡前因為一點小事吵架，吵完之後，他很快就睡著了，可是我卻無法入眠愈想愈氣，愈想愈覺得是他的不是，而且一想到我還在生氣，他竟然已經呼呼大睡，我就更生氣。有時候讓我們憤怒的事情發生之後，我們可能不由自主地如同動物反芻一般，在內心不斷反覆這個讓自己憤怒的情況，遲遲不願意放手。為什麼？因為我們太想讓事情依照我們希望的方式進行，但往往事與願違。研究顯示，在這個時候，你應該做一些其他的事情轉移焦點，即使只是兩分鐘的分心或干擾，都可以有效打斷這種強迫性思維。放手確實很難，但這也是情緒管理必修的功課。

覺察憤怒的發生，與背後的深層需求

許多人認為憤怒就是發火、吵架、大發雷霆，但其實這只是憤怒比較容易觀察到的表現形式，有些憤怒並不容易察覺。例如，憤怒狀態的你或許沒有發火，但會覺得心情煩躁，看什麼都不順眼，這個時候就要啟動覺察，觀察煩躁背後的原因。

有些人在憤怒時可能因為害怕或愛面子，而選擇將憤怒放在心裡生悶氣，甚至產生強烈的自我攻擊，如此長期下來，很容易對身體（如肝臟、乳腺等）造成不好的影響。還有些人不會直接表達自己的憤怒，而是透過行為、表情等方式讓人知道。例如，有人不滿同事把工作推給自己，但又不好意思明確地拒絕，於是就用拖延、故意出錯等方式來消極抵抗，讓別人不滿卻又抓不到把柄，這種憤怒稱為被動式攻擊（passive-aggression）。被動式攻擊看似避免了正面衝突，但對於人際關係的危害一點也不比正面衝突少，而且其本質也是一種逃避溝通的行為，不利於解決衝突。

了解自己在憤怒時會有什麼表現，可以幫助你有效地覺察憤怒的情緒。就像當我看到先生躺在沙發上沒有去洗碗的時候，我的胸口就像是壓著一塊大石頭，於是我就知道自己生氣了。有時候，即便只是覺察到「我現在的情緒是憤怒」，就可以幫助我們減少憤怒。可是大多數時候，我們還需要了解憤怒背後的深層需求。

在心理學當中，憤怒被稱為一種衍生情緒，常常被用來掩蓋深層真實的感受。憤怒的背後，往往是某些需求沒有受到滿足。因此，在生氣或想要發脾氣時，我們需要啟動覺察，發現情緒背後有哪些需求沒有獲得滿足。

我在第一章曾提到人的需求可以分為生理和心理兩大類，如果生理需求沒有獲得滿足，就很容易產生憤怒的情緒。例如，當父母本身又睏又累的時候，就很容易對哭鬧的孩子失去耐心。因此，如果你感受到自己的怒火，可以先覺察當下是否有生理需求未獲得滿足：「是不是餓了、渴了、睏了或是累了？」

心理需求則比生理需求更為複雜，需要更加細微的自我覺察。絕大多數人都需要被愛、被尊重、成就感，這些就是比較常見的心理需求。例如，我因為先生沒有洗碗而發飆，並不是因為我討厭洗碗，而是因為我希望受到先生支持、愛護的心情沒有得到滿足，這表示我們的親密關係也許還需要更多的經營。再如本章一開始提到的小凱，經由教練會談的過程，他漸漸意識到自己憤怒的背後，代表他需要被尊重、不受欺負或不被瞧不起的需求。他曾經跟我提到，自己對母親的憤怒是一切憤怒的根源，這也表示他對親密母子關係的需求沒有獲得滿足。他不能原諒母親在他成長過程中造成的傷害，但是又無法表達。這種感受很複雜，但至少現在的小凱已經覺察到憤怒背後所包含的因素，就能更有效地看待和處理這個問題。

從憤怒的深層原因逐一突破和解決問題，能夠控制憤怒，也能幫助我們解決其他潛在的情緒問題。

接納憤怒的自己，也接納引起憤怒的對方

在憤怒管理中，接納有兩層涵義，首先是要接納正在生氣的自己，其次就是接納讓你生氣的他人。

憤怒是一種正常的情緒，就如同警報一樣，告訴我們事情不對勁了，並做出相關的反應。如果你對自己憤怒時的表現狀態並不滿意，可能因為一件小事大發雷霆，之後才發現錯怪對方而感到內疚和羞愧。這時，你更需要接納不完美的自己。憤怒之後不要否定自己，而是思考如何補救，盡可能地將傷害降到最低。道歉很難，但能展現出一個人的擔當，也是情緒成熟的表現。

此外，如果你的憤怒是由他人所引起，可以先假設對方是誠實和善意的，這樣的思維模式在處理人際關係衝突時非常重要。許多時候，憤怒的產生是由於彼此誤解對方的意圖：對方只是想把手放進口袋，你卻誤以為對方要拔槍，於是你率先發動攻擊。接納就是當你對其他人產生憤怒的情緒時，先控制情緒中樞想要戰鬥的衝動，然後啟動思考中樞問問自己：「對方真的有惡意嗎？這會不會是誤會？可以如何釐清雙方的意圖？」

在動怒之前先給自己選擇的時間與空間

我有位客戶表示自己雖然工作能力很強，但是在工作時，經常無法控制自己的情緒。在他忙碌的時候，只要受到干擾就很容易爆炸，跟人討論事情時，如果重複數次對方還是不懂，他的情緒就會上來。這些問題導致他升遷不順，與同事相處也不太愉快。因此我建議他：「下次當你想要生氣的時候，先給自己幾分鐘的時間。這幾分鐘可以讓你冷靜下來，擁有對情緒的覺察。有了覺察，也就有了選擇如何反應的自由空間。」

在情緒來的時候，我們很容易說出讓自己後悔的話，或做出過分的事，當然，也有人選擇一言不發地離開，以逃避或冷處理來宣洩不滿。但是其實這個時候，我們更需要的是：告訴對方自己需要冷靜一下，給彼此一點時間釐清各自的思緒。獨處的目的，就是要讓情緒中樞冷靜下來，讓思考中樞重新占上風。你可以做幾個深呼吸，這個簡單的動作就能讓你感受到些許的平靜，冥想也是放鬆的好方法。你還可以做點自己喜歡的事，許多生活小事都能幫助你健康化解情緒。

平靜表達憤怒背後真正的需求

當你覺得憤怒的時候，千萬不要把怒火強壓下來，因為這樣非常危險，遲早有一天會爆發。這時有人可能會問：「是不是把怒氣發洩出來就好了？和讓你生氣的人大吵一架？」其實這樣的做法也不妥，憤怒不像氣球，弄破了就消氣。一味地發洩憤怒並不會讓怒火消失，反而會讓情緒升級，令人更加憤怒。因此，**表達憤怒的正確方法應該是冷靜且明確堅定地向對方表達需求，**不傷害對方的感情，也不試圖控制別人。

在表達的時候也有技巧，那就是盡量用**「我」**開頭的句子，而不是用**「你」**開頭的句子。用「你」開頭聽起來比較像責備，很容易讓對方產生抗拒和防衛心理，例如「我聽了你的話覺得很受傷」會比「你的話太傷人了」更有溝通效果。

當我看到先生沒有去洗碗時，如果我第一個反應是生氣地說：「**你**怎麼不去洗碗？**你**怎麼那麼懶？」這樣結果就是他覺得自己受到責備，因此找理由為自己辯解，最後爭執可能更嚴重，但是碗還是堆在原處沒有處理。

因此，如果我能思考自己的需求，就會有不一樣的解決方法。我的需求是什麼？我想要的是請他把碗洗乾淨，跟他吵架絕對不是我的需求。因此更好的做法是心平氣和地對他說：「**我**做飯很累，能不能請你洗碗？」用這種方式向先生表達自己的需求和感受，比責備對方更能得到他的支持。因此，只要用心，憤怒也可以成為促進親密關係的契機。

為自己的情緒負責

在第二章我曾經提到「情緒成年」，情緒成年就是對自己的情緒完全負責，不把自己的負面情緒怪罪到其他人身上，而跟情緒成年相反的就是由外界決定自己的喜怒哀樂。小凱提到自己曾經無意間聽到同事說了一句話，他覺得那句話就是諷刺自己沒有好好做事。他當場沒有發作，但事後愈想愈氣，甚至氣到晚上無法入睡。後來他忍不住和那位同事對質，對方澄清那句話根本不是針對小凱。我們細看這個事件，小凱氣到無法入睡，完全是由**別人**的一句話所引起，這樣的小凱是無法為自己的情緒負責，因為別人說什麼是我們無法掌控的。

那麼如果那個人真的在諷刺我，對我有惡意，我也不能生氣嗎？當然不是這樣。憤怒情緒的意義就是提醒我們事情不對勁，可能是別人的做法真的不合理，也可能是我們「自以為」的結果。因此接收到產生憤怒的訊號之後，正確的做法應該是先解析自己的憤怒，將憤怒轉變成有建設性的行為，就像自動販賣機的例子，遇到這類問題應該找人修理機台或申請退費，把精力花在解決憤怒背後的問題，而不是被憤怒情緒控制或淹沒，以致遷怒或放大問題，最後害人害己。

如何面對他人的憤怒情緒

接下來我想要深入說明，如何面對其他人的憤怒情緒，如果有人對我們生氣，該如何處理？你需要用同理心來接納。

接納在這裡同樣有兩層涵義：接納對你表達憤怒的人，也接納被攻擊的自己。

「人家攻擊我，我還要接納對方？」這或許讓你覺得奇怪，因為人在受到攻擊之後，本能反應就是擺出防衛的姿態，有人甚至會憤而攻擊對方，但這只是火上加油，讓衝突愈演愈烈。因此面對他人對你的憤怒，如果能夠有多一點同理心，就能跨過對方憤怒的表象，看到對方沒有滿足的需求，體會其中的無力感和痛苦的來源，你就能跨越本能的防衛反應，溫和而理性地回應，而只有一方參與的衝突通常無法持續太久，等對方冷靜下來之後，你們就能更加理性地互動並解決問題。

接納也是接納自己被攻擊時所產生的憤怒、羞愧等負面情緒。我們不是聖人，當面對他人的攻擊辱罵時，產生憤怒、報復、羞愧的情緒非常正常，而接納這些感受就是面對他人憤怒情緒的第一步。

小林和小楊以前是好朋友，在製造業從事業務工作。後來因為一些誤會，小楊認為小林搶了自己的客戶，小楊非常生氣地大罵小林一頓，還在共同的朋友圈說了小林不少壞話。這件事情讓小林非常困擾，雖然理智上知道是小楊誤會了，同事也安慰他，說他並沒有做錯。但是小林仍在心中默默想著：「我是不是沒發現自己哪裡做錯了，不然小楊怎麼會這麼生氣？我真的像他所說的那麼糟嗎？我們有這麼多共同朋友，他們知道這件事之後，會怎麼看我？」

受到攻擊之後，產生羞愧感是正常的事，如果攻擊發生在公共場合或社群媒體，羞愧感更會加倍。而消除羞愧感最好的方法就是面對，把羞愧感攤在陽光下，問問自己：「對方哪些攻擊讓我產生羞愧的情緒？這種羞愧感從何而來？這代表我內心缺少什麼？」如果內心沒有缺口，潑過來的髒水也就無法積留。當面對他人的憤怒時，請用同理心接納自己的負面情緒，也許能夠從中找出自我改善之處，把缺口填滿，就有可能把痛苦的經驗轉變為自我成長的財富。

接納之後，就是改變。如果其他人的憤怒真的有道理，那麼就勇敢地認錯道歉和補救，把傷害降到最低。如果你並沒有不對，就告訴自己：「沒關係，我不可能取悅所有人。」不要被他人的憤怒過度困擾，輕輕放下，繼續前行。

▸chapter 12

自卑與羞愧

永遠覺得自己不夠好，我的存在就是錯誤

point

看見自己獨特的價值，我愛你，因為你是你！

三十歲的怡文是一位中學老師，他希望在工作和人際關係方面能藉由教練會談獲得改善。

在工作方面，他希望能在更具創新理念與包容力的學校，更能實踐自己對教育的想法。朋友介紹他認識一位私立學校的校長，並安排兩人見面。怡文很喜歡那所學校，也覺得自己的能力足以勝任工作，可是心裡卻擔心無法讓校長留下好印象。在會面

的過程中，雖然校長態度友善，但是怡文因為過於緊張，無法主動展現自己真正的實力。聊完之後過了數日，校長那邊仍無回應，於是怡文心想：「校長一定是覺得我不行才沒有回應，我還是不要主動聯絡，免得自討沒趣。」他心裡很失落，覺得自己很沒用，連個非正式的面試都搞不定。

在人際關係方面，怡文和不熟的朋友或同事相處時，不知道該如何找話題，覺得很尷尬。他很羨慕風趣幽默的人，彷彿自帶光芒，走到哪裡都是人群中的焦點，會把氣氛炒得很熱絡。可惜他自己不是那樣的人，他對自己的評價是嚴肅、呆板、無趣。他很害怕人家問：「你的興趣是什麼？」因為他對教育最感興趣，而這也是他的工作，給人的感覺實在好無聊。我試著提醒他的攝影技術也很棒，可是他並不覺得這是多麼了不起的興趣，不如其他人攀岩、賽車之類的有趣。

經過幾次教練會談，我們終於看到隱藏在冰山下的一角。怡文的許多困惑看似沒有關聯，其實都有共同的根源，那就是自卑與羞愧。自卑與羞愧是對自己的不接納，覺得自己不夠好。這讓他不敢主動跟進，認為自己在他人眼裡不重要，也讓他不敢大聲說出自己喜歡什麼，而是人云亦云，反而顯得更沒有個性。接下來，我們就來進一步說明自卑與羞愧情緒。

羞愧是一種危險的情緒

自卑就是對自己的外貌、能力、個性、地位等缺乏自信，而羞愧更是一種痛苦而強烈的無價值感，認為自己本質上就不夠好，因此不配得到愛、歸屬與尊重。大家對自卑情緒的了解較多，我在第四章也略有介紹，而羞愧卻是一種較少人討論的情緒，其主要表現有：

- 渾身冰冷，口乾舌燥；或是臉紅，體溫升高，出汗。
- 害怕回憶產生羞愧感的事件。
- 覺得自己不夠好，沒有價值，不值得被愛。
- 認為自己是個失敗者，無足輕重。
- 想要躲起來，逃避別人的目光，不想與人接觸，如同一座孤島。
- 對未來失去希望，有強烈的無助感。

大家經常混淆羞愧與後悔這兩種情緒，二者在本質上有所不同。後悔是「我做了一件不好的事」，而羞愧是「我是一個不好的人」；後悔是「對不起，我做錯了」，而羞愧是「對不起，我本身就是個錯誤」。心理學家布芮尼・布朗（Brené Brown）認為，後悔能夠使一個人往更好的方向改變，從某種意義上來說是一種正向的情緒。而羞愧則會讓人墜入更黑暗的深淵，主要是因為羞愧感會讓人失去改變的勇氣。以減重為例，如果正在減重的你晚餐吃了一堆高熱量食物，比較健康的心理反應是：「今天的晚餐實在太美味，既然已經吃了，待會出去運動，明天繼續控制飲食。」而被羞愧感綁架的自我攻擊則是：「我怎麼吃那麼多，之前的努力都白費了，我就是一個沒有意志力的人，難怪永遠瘦不下來。」

羞愧感或許可以讓人遵守社會規範，做正確的事，但是同時也是憂鬱、焦慮、自卑等情緒的來源。因此，若想利用引發羞愧感而使人改變，這種方法的效果無法長久。更好的方法是從願景、身分認同、價值觀等方面來進行正向的激勵，讓人受到夢想與熱情的驅動，而不是被羞愧感和恐懼推動。

羞愧感會使人躲在黑暗之中，切斷與他人的連結，羞愧本質上是一種「不配得」的情緒，不相信自己值得被愛。羞愧的人渴望與他人連結，但又不相信他人會接受自己，因為他們自己就無法自我接納，因此會用逃避、討好、攻擊等不健康的方式來處理與他人的關係，這讓他們進一步與人疏遠，也與真實的自我斷了連結。

批判魔——小惡魔的雙胞胎

我在第七章介紹了小惡魔的概念，也就是「內在批評者」，會不斷自我批評，不只是焦慮感的來源，也會帶來自卑與羞愧。無獨有偶，教練希爾札德．查敏在《PQ．正向智商》也提到類似的概念，叫作「批判魔」，也就是批判者（Judge）。

批判魔是我們內心對自己的負面評價，會在我們表現不好的時候跳出來，說「你不夠好看／聰明／有能力」、「你這裡做得不好，那裡很差勁」等。查敏教練認為，每個人心中都有一個批判魔，我們或多或少都會受到影響。其中最常見的影響就是批判魔對自我的批判造成我們內心的焦慮、緊張和自我懷疑，而無法展現最好的狀態，影響我們的幸福感。

本章一開始提到的怡文，他的自我批判包括：「我的專業能力一般，人也不夠有活力，好的學校都不會要我。」「我是一個無趣的人，無法讓人有新鮮感。」

我告訴怡文：「這些都是批判魔說的話，不能代表真實的你。」

怡文很困惑：「可是這些話都是真的，我確實是這樣的人。」

我說：「這正是批判魔的狡猾之處，它讓你誤以為這些話都是真的，誤以為這些話是為你好。但事實上，這些話都是基於你的過去，而過去並不能代表未來。如果你相信這些批判，那麼你就會陷入自卑與羞愧，難以嘗試開拓新的未來，成為更好的自己。」

怡文恍然大悟，他在無形中被批判魔的話影響了那麼久，被自卑與羞愧感困擾，無法發揮自己的潛力。而現在意識到批判魔的存在一點都不晚，因為覺察正是情緒管理的第一步。

覺察觸發自卑與羞愧的按鈕

情緒按鈕是指觸發特定情緒的事件，當事件發生，就會自動化引發特定情緒反應。針對自卑與羞愧，每個人也有自己特定的情緒按鈕。

怡文提到自己小學六年級時，最好的朋友對他說：「不知道為什麼，我覺得和你在一起玩不是很有趣，不如跟其他同學玩開心。」怡文說自己當時整個人都呆住，彷彿沉入深淵，被羞愧與自卑感淹沒。從此以後，只要有人透露出一點他不夠有趣的意思時，他都會感受到自卑與羞愧，情緒低落，久久無法恢復。

了解自己的情緒按鈕，就能在按鈕被觸發時有更敏銳的覺察，並有意識地選擇如何反應，而不再被自動化的情緒反應淹沒。經過教練會談，怡文意識到自己特別在意別人對自己「無趣」的評價。意識到這一點之後，他也覺得有點可笑：有趣有那麼重要嗎？我有這麼多優點，為什麼要讓這一點負面評價影響自己？因此，之後只要他察覺到自己被「無趣」的評價觸發時，就能做出更好地回應，有時他會選擇自嘲，再也不會往心裡去了。

持續練習接納自己

之前我曾多次提到自我接納，是情緒管理非常重要的第一步，對於處理自卑與羞愧情緒更是重要。怡文曾經告訴我：「我知道要自我接納，可是我不知道具體該怎麼做。」其實做到自我接納並不難，只是需要時間，因為要改變根深蒂固的自我批判習慣並不是一件容易的事。但只要持之以恆，自我接納就會成為你潛意識的習慣。

愛自己

愛自己，就是接納此時此刻的自己，幾乎所有的自卑都是因為對自我的不接納。就像怡文覺得自己不夠有趣，不擅長與人互動，專業能力也一般，對自己有一種深深地不接納。

我們經常會和自己討價還價：我做到什麼或減掉幾公斤或賺多少錢，我就會更愛自己。這就在暗示：愛自己是有條件的，現在的我不值得被愛。**愛自己就是覺得當下的自己已經夠好，我百分之百值得擁有美好的事物，百分之百值得被愛。**確實，每個人都有缺點，但我們可以把自己的不足之處，當作需要改進的方向，而不應該把這些缺點當作不愛自己的理由。

談到愛自己，我很喜歡拿對小孩的愛來舉例。我有兩個小孩，老大已經七歲，有時候很調皮，常讓我氣得不得了。但當他做錯事的時候，我經常對他說的話就是：「你做得不對，媽媽希望你改過。但是你知道嗎，即使你做得不好，媽媽還是很愛你。」他每次聽完，都會開心地笑著點點頭，我知道這時他的內心非常篤定，知道自己被媽媽無條件地愛著。

我希望每個人都把自己當作小孩來愛。不是因為自己夠好才愛，而是無條件的愛。有人可能會覺得：「太愛自己會不會變成過度自戀、不思進取？」當然不會，自戀的人是這樣想的：「我很好，我比其他人強。」而懂得愛自己的人想法則是：「我愛我自己，因此，我愛所有的人。」愛自己不會讓人變得不思進取。還是以小孩來舉例，如果你愛自己的小孩，會允許他每天看十個小時的電視，每天都給他吃冰淇淋嗎？一定不會，因為這是溺愛，而不是真正的愛。真正愛小孩的人，懂得用行為準則來規範孩子。同樣地，真正愛自己的人對自己也是有要求的，因為愛，所以希望自己變得更好。

真心喜歡自己原本的樣子

曾有一位客戶對我說：「我最自卑的地方就是覺得自己不夠漂亮。我常不由自主地想，要是我長得漂亮點，人生是不是會更順利？會不會更快樂？長得不好看真的讓我很困擾。」

過於在意自己的外貌或是其他方面的表現，其實是自我意識過剩的反應。發展心理學認為，青春期至成年早期的人會有一種自己是舞台中心的錯覺，覺得自己的一舉一動都被人看在眼裡，因此凡事小心翼翼。其實，大可不必如此，每個人最關心的都是自己，就如《被討厭的勇氣》書中所提，即使你在大街上倒立也不會有人在意、只有你自己在意你的長相。因此，如果你正在為自己的外貌而苦惱，可以試著把關注焦點從自己身上轉移出去，關注他人以及廣闊的世界。

當然，不只是外貌，能力、個性、家境等其他方面都一樣，真心喜歡自己原本的模樣，代表在人生的各方面都選擇真實，而不是完美。一個自卑與羞愧的人，會選擇退縮不敢自我表現或偽裝自己，想把自認為不好的一面藏起來，這都是不健康的因應方式。健康的方式，應該是接納真實的自己。**是的，我不完美，但我的生命是流動的，我正走在變得更好的路上，未來的我會比過去的我更好。**

卡蘿．杜維克（Carol S. Dweck）在他的著作《心態致勝》（*Mindset*）提出了一個劃時代的觀點，那就是通常被認為是固定不變的特質，如一個人的智商，其實都可以有所成長。相信自己有成長的潛力，並且付出努力，是擁有成長心態的表現，成長心態可以讓人不斷進步，達成人生目標。

真心喜歡和接納自我，與經由努力不斷成長，兩者並不衝突，而前者更是後者的基石。或許有些人的成功來自於對自我的不滿與批判，但相信我，這樣的人並不快樂，所得到的成就也並不持久。**你的行動應該是來自於對自己的愛而不是厭惡。因為愛自己，所以想要變得更好。**

看到自己獨特的價值

可能有人會認為，在現實世界，確實有許多人會用外在標準來評價我們。分數不夠就不能上好學校，能力不足就無法找到好工作，甚至如果長得不好看，也沒有人會喜歡。按照這些標準，自己確實不夠優秀，因此才會自卑。的確，現在的你可能在某方面還沒有達到外界的「標準」，有些是經過努力可以提升的部分，在這部分正好是你努力的動力，而有些層面則很難馬上有所改變，面對這些不足你該怎麼辦？難道你就真的沒有價值嗎？

批判魔經常跟我們說：「現在的你不值得被愛、被尊敬。只有達到某些標準，你才有價值，才能獲得認同。」但事實上，這全都不是實話，因為每個人從出生到這個世界開始，就擁有自己獨特的價值。如果你無法意識到這點，可以拿出自己小時候的照片。照片上的小孩如此純真可愛，任何人都不會懷疑他就是無價之寶。而隨著年歲漸長，有什麼理由要覺得這個孩子寶貴的價值有所降低呢？你的價值一直都在那裡，不比人家多，也不比別人少，更不會因為你暫時看不到，它就不存在。

換句話說，你不必懷疑自己是否值得，因為「是否有價值」根本就不是問題，而是事實。就如同你的銀行帳戶有一千萬，不會因為你覺得自己窮，這個事實就有任何改變。有人可能會認為，每個人確實都不一樣，年齡、外貌、學歷、收入……有些人確實比較強，這該如何解釋？確實，基因、成長環境和機遇的不同，會造成人與人之間的差異。但是我希望你明白，**每個人雖然不同，但卻平等。**這時就需要你能夠拋開外在世俗的標準，真正看到自己以及他人的內心和本質。當你擁有能夠看到本質的雙眼，就能真正感受到自己的價值。

我有位朋友曾經在五月二十日在群組發起一個小活動——向自己表白，句型是：我愛你，因為你＿＿＿＿＿＿＿＿。

有的人回答：「我愛你，因為你很努力地追求自己的夢想。」

有的人回答：「我愛你，因為你的善良與美好。」

不過，最後大家最喜歡的一個回答，還是這樣簡單的一句話：

「我愛你，因為你是你！」

做出改變，發現獨一無二的你

如果有人問我，世界上哪種動物最好？我會覺得這個問題很難回答，沒有哪種動物真的比另一種更好，因為判斷標準可以非常多元。大象確實很強壯，但小螞蟻也有其厲害之處。同樣的道理，也許按照世俗的標準，每個人可能都有所欠缺，但你仍然是世界上獨一無二的你，有你獨特的優點。更何況你的存在對於愛你的人而言，就是全部。

自卑的人通常會過度關注自己的缺點，把缺點放大，卻意識不到自己的優勢所在。曾經有一位客戶在教練會談之後告訴我，他最大的收穫就是明白：幸福的關鍵不在於「截長補短」，而是在於「揚長避短」。

教練練習：發現並善用自己的優勢

在這個練習中，你需要列出自己最引以為傲的三項優勢，並思考以下的問題：

- 如何在工作、學習或生活中善加利用這些優勢？
- 這些優勢對我而言代表什麼？如何將優勢轉變為機會？
- 如果善用這些優勢，我的生活、工作、人際關係會發生哪些正向的轉變？
- 了解這些優勢對於我提升自信有哪些幫助？

同時，針對每個優勢，你也可以列出三到五個行動計畫，讓這些優勢更加突出。一開始你可能會覺得要列出三項優勢實在太難，一個都想不出來。這可能就是你的小惡魔在作怪，可以隔離小惡魔的干擾，寫下你想到的所有優點，即使你覺得微不足道的也可以納入，然後從中挑出三項。也可以問問身邊了解你的人，看看他們眼中你的優勢是什麼，結果可能會讓你出乎意料但又感覺很不錯。

PART 4

情緒教練與人際關係

故事
Story

在上個篇章我提到嘉琪跟著先生搬到大城市後，生活如同一團亂麻，經常陷入負面情緒。經過教練會談之後，他意識到與其抱怨外界，不如先從自己著手改變。於是，他學習如何看待並處理焦慮、憂鬱、自卑等負面情緒，在生活中認真實踐，心態變得比較平靜，還找到一份工作，整個人的精神樣貌都有所改變。

一年後，嘉琪再次與我聯繫，雖然他在個人情緒管理方面有進步，但在人際關係的情緒問題處理仍有許多困擾。他雖然有認識新朋友，但沒有交情特別好的朋友。在社交場合，他不知道該如何與人深交，經常有孤獨的感覺，與人相處時，也很在意對方如何看待自己，擔心自己說錯話，因此有時連回訊息都要思考很久，這一點連他自己都受不了。

在工作上，嘉琪比較沉默低調，有時同事很容易忽略他的存在，因此他在工作時經常遇到阻力，難以獲得同事的配合。由於資歷尚淺，難免經常犯錯，他也擔心因此受到主管和同事的責怪，可是愈擔心，犯錯的頻率就愈高，因此他每天上班的心情都不輕鬆。

由於沒有好友支持，加上工作不順，他很希望獲得先生的陪伴，但是先生工作忙碌，加班出差是常態，也讓他覺得夫妻之間漸行

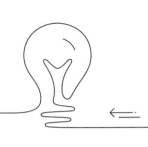

漸遠，甚至還會懷疑先生外遇，但又沒有證據。夫妻吵架次數愈來愈多，每次爭執之後，他的情緒都會變得非常差。

由於先生工作繁忙，因此兩個孩子的照顧工作主要也是由嘉琪一手包辦，工作家庭兩頭燒，嘉琪在疲憊之餘，有時候會忍不住對孩子發脾氣，之後又會感到後悔。他雖然愛小孩，但每次累到不行或被小孩惹怒時，難免會後悔當初生小孩的決定，也羨慕沒有子女的夫妻活得多麼瀟灑自在。最讓他擔心的是，自己的情緒似乎也默默地影響了孩子的情緒。現在孩子遇到一點挫折就會大哭大鬧，在學校和幼稚園也經常和小朋友發生衝突，被老師約談了數次，這就像壓垮駱駝的最後一根稻草，促使嘉琪尋求改變。

個體心理學認為，所有煩惱都是人際關係的煩惱，與他人和諧相處是人類的終極目標之一。好的人際關係帶來正向的情緒，而惡劣的人際關係則是絕大多數負面情緒的來源，談論情商就跟人際關係有關。個體心

良好的人際關係帶來正向情緒

理學同時認為，人生有三大任務：交友、工作以及愛，而愛的任務又可以細分為親密關係和親子關係。因此，在本書的最後篇章，我會針對人際互動、職場關係、親密關係和親子關係等四個領域，來談談人際關係的情緒困擾。

▸chapter 13

人際互動的情緒困擾

point 對人抱持真誠的好奇，允許其他人有不同的看法

二十六歲的子軒出國留學畢業後，當時學校的朋友在畢業後都選擇回國，而子軒則留在當地工作。平常上班時還好，但是一到週末，子軒就感到很孤獨，不知道可以找誰出來。工作後，雖然有交到新朋友，但他還是很懷念學生時期的朋友，懷念之前純粹的友誼，遇到困難時只要一通電話，對方就會趕到。子軒覺得現在的朋友比較像是「酒肉朋友」，只能在一起吃喝玩樂，大家都有各自的生活，很難再深入交流。有一次，子軒遇到一點小問題，於是跟幾個平時玩在一起的朋友說，但是對方卻沒有任何協助，這讓子軒覺得心寒，更不願意與人交心了。

子軒是個敏感的人，非常在意別人的看法。如果有人沒有回覆訊息，或是表現出不悅，都會讓他內心非常不安，覺得是不是自己哪裡做錯了。朋友聚會時，他總是小心翼翼，深怕說錯話得罪人，如果有人表現出對他的欣賞之意，他就會非常開心。有一次，他下班後很想回家休息，可是一個朋友臨時找他幫忙搬家。雖然他很不想過去，但最後還是答應了，因為他擔心拒絕會讓對方不高興。子軒很苦惱：為什麼交朋友這麼難？

子軒的煩惱並不少見，本章我們就來聊聊如何處理與朋友互動時常見的情緒困擾。

害怕獨處，如何擺脫如影隨形的孤獨感

我一個人吃飯旅行到處走走停停，也一個人看書寫信自己對話談心……

這是阿桑《葉子》當中的兩句歌詞，非常能呈現孤獨者的心境。

我覺得自己就是一個容易感到孤獨的人。還記得剛上大學的時候，第一次離開父母和熟悉的朋友，到一個陌生的校園，當時最害怕的就是一個人去餐廳吃飯，一個人上課，後來我到加拿大念書，一個人在國外，就覺得更孤獨了。有時翻遍手機裡的聯絡人，找不到一個可以通話聊天的對象。那段時間我沉迷於手機裡的一個小遊戲，在餐廳、理髮店等各種場合和虛擬角色相聚聊天，可想而知那時的我有多孤獨。

這種孤獨的感受，我相信絕對不是只有我一個人才有的經驗，我想我們都需要了解以下關於孤獨的真相。

❶孤獨的真相

如同焦慮、恐懼等負面情緒，孤獨對於原始人類而言也是一種非常重要的情緒，在生存環境惡劣的原始社會，落單幾乎等同於死亡，因此避免孤獨可以有利於生存。到了現代社會，孤獨當然不會帶來生命危險，但卻可以提醒我們重視自己的社交需求，這個存在於人類基因的設定，決定了人與人之間的連結，對於一個人的身心健康非常重要。

當你感到孤獨的時候，你可能會覺得自己是唯一孤獨的人，周圍的人似乎都呼朋引伴很熱鬧，只有自己形單影隻。於是，你會對自我產生懷疑：我是不是有哪裡不對？我是不是不合群？是不是沒有人喜歡我？

事實上，**你絕對不是唯一感到孤獨的人**。每個人在人生的某個階段，都可能會感到孤獨。

孤獨是正常的人類情感，感到孤獨並不代表你出了什麼問題。那些令你羨慕看似快樂、受歡迎的人，都可能曾經或正在感受孤獨。意識到這是人類共同的感受，也許會讓你感覺好一點。

❷帶來孤獨感的想法

孤獨是一種情緒，情緒源自於想法，那麼，有哪些想法容易帶來孤獨感？

(1)敏感，經常錯誤解讀他人的意圖。

如果你推門進入辦公室，兩位同事正好結束對話，跟你打招呼之後，他們就各自處理自己的事情。要是你比較敏感，可能就會想：

「他們是不是不喜歡我？我一進來，他們就沉默了。」

「他們剛才是不是在說我的壞話？」

這樣的想法會帶來什麼情緒呢？你可能會覺得憤怒、尷尬、孤獨。於是你也賭氣不和同事說話，但這樣只會讓你愈來愈孤立，形成惡性循環。

我們經常會遇到不知道其他人到底在想什麼的狀況，這時候，最好先預設對方是善意的，除非你有足夠的證據推翻這個假設。依我的經驗來看，絕大多數人也確實是抱持善意。另外還有一個方法，就是直接確認對方的想法，這比獨自盲目猜測要好得多。

(2)害怕遭到拒絕，因此先拒絕別人。

孤獨的人特別害怕遭到拒絕，被拒絕後的丟臉和痛苦感受實在讓人難以忍受，因此有些人會提前穿上厚厚的盔甲，拒人於千里之外。

被人拒絕的滋味確實很不好受，但很遺憾地，這也是生活的一部分。好與壞都是比較出來的，沒有體驗過負面情緒，也就無從談論與比較正面情緒，因此每個人的一生都有好有壞。如果你每天醒來都告訴自己：「我今天提出的請求，可能有一半都會被人拒絕，但是這很正常，沒關係！」這樣思考，就會覺得輕鬆許多。

(3)不願主動與人互動，期待別人主動。

有一個人離開家鄉，和雙胞胎弟弟分隔兩地。在他們生日的那天，他一直等弟弟打電話給他，可是電話始終沒響。哥哥傷心地想，弟弟一定正在和朋友慶生，沒有把自己放在心上，於是他就這樣難過地入睡。到了第二天早上，哥哥才發現電話線沒有插好，結果才剛把電話線插好，弟弟的電話就打進來。原來，弟弟也度過了非常難熬的生日夜晚。

如果你經常會覺得孤獨，可以檢視一下自己的想法：在人際互動當中，你是不是比較被動的那一方。如果是，為什麼你明明覺得孤獨，卻不願意主動跨出那一步？

或許你覺得對方不在意你？

但這只是你自己的想法，不一定是事實。

或許你希望對方主動跨出那一步？

這樣的想法很正常，幾乎所有的人都這麼想，對方也是。但是，如果你希望與人連結，或許應該讓自己主動一點。

如果你是那個主動聯繫、打開門、把朋友聚集在一起的人，請記得，你並不是在乞求友誼。相反地，我覺得你非常勇敢和有愛呢！

❸如何面對孤獨？

以上提到孤獨者常見的三種想法，接下來關於面對孤獨，我有兩點建議。

(1)當你感到孤獨時，可以主動建立連結。

有許多做法，都可以讓你的感受迅速有所改善，包括：

- 主動聯絡一位朋友，可以發簡訊、通話或是親自拜訪。想一想，當你孤單時，如果收到問候的訊息，會是多麼開心，你也可以把這種快樂帶給別人。
- 寫信給一位許久沒有聯繫的朋友。
- 邀請朋友一起吃飯。其他人看似忙碌，但內心可能同樣孤獨，渴望互動。
- 設定人際互動目標：定期參加團體聚會，如：部門聚餐、聯誼、同學會等。
- 如果與家人或室友同住，多利用公共空間或打開房門，增加互動機會。

- 多與前輩或其他可以給你精神支持的人互動交流。
- 製造生活中短暫而正向的互動，如與超商店員、收發室管理員寒暄聊天。來自他人的一句問候或一個微笑，都可能讓你整天好心情。
- 找到自己熱愛的事，嘗試新事物。如果你的生活有意義而富有熱情，你就會過得快樂充實而忘記孤獨。

⑵學會與人深入地交流。

許多有人際互動困擾的人，會覺得自己與人的互動交流，始終只能停留在表面無關緊要的話題，無法深入交談。

社會滲透理論（Social Penetration Theory）認為，想要讓人際關係從淺到深發展，自我揭露（self-disclosure）是核心。想像一個洋蔥從中間橫向剖開，會看到由同心圓組成的橫切面。你與他人的關係就洋蔥剖面一層層的同心圓，從外而內是逐層遞進。

同心圓最外層是資訊層面，是最淺層的溝通。一般而言，初次見面的人，都不會聊得太深入，只會交換一些基本資訊，如：姓名、哪裡人、從事的工作等。但是，隨著互動的深入，如果交流仍只停留在交換基本資訊的層面，那麼兩個人的關係就很難進一步發展。

資訊層面再進一層，就是觀點和價值觀層面：「這本書作者的觀點讀來真的讓人覺得非常受用。」「我很喜歡這本書，對我的幫助很大。」在觀點和價值觀層面「相似」，會讓雙方一下子就多了不少話題，會感到親近許多。

觀點和價值觀層面再更深一層，就是感受和情緒層面。這就觸及到一個人內心比較柔軟的部分。只有當你覺得這個人值得信任，可以接納自己時，你才會向對方吐露自己的感受和情緒。「最近業績達成狀況不好，我覺得蠻挫敗的。」「我也是，我能理解你的感受。」如果你在生活中有可以分享感受和情緒的人，那麼你可能就不會那麼孤獨了。

而同心圓最內層核心就是祕密和默契，只有彼此非常親密與互相信任時，才會到達這個層面。許多人感到孤獨，並不是因為沒有家人和朋友，而是因為缺乏深層的溝通和連結，因此你會覺得沒有人真正懂自己。

如果你想改變這種情況，不妨有意識地把人際互動的深度往同心圓的內層挪移。如果你以前主要和人交流資訊，下次你可以主動分享你對一些事情的觀點，甚至談談你的感受，同時也詢問並關心對方的觀點和感受。有自我揭露，也有他人回饋，我相信這會幫助你和其他人建立更深層的連結，讓你的人際互動更有意義。

如何成為受歡迎的人

子軒自認不是一個受歡迎的人，他認為主要原因是，自己個性內向不擅長表現，因此比較沉默寡言。但是，內向真的代表缺乏社交能力嗎？其實並非如此。

內向與外向的差異，主要在於內向者是藉由獨處來獲得能量，而外向者主要是透過人際互動來獲得能量。其實大約有三成到五成的人是偏內向的性格。許多名人都是內向者，如比爾．蓋茲（Bill Gates）、巴菲特（Warren E. Buffett）等，他們雖然個性內向，但都擁有超群的領導力和個人魅力，也有偉大的成就。如果你是一個比較內向的人，不要因此就覺得自己的社交能力會有所限制。內向者也可以在社交場合游刃有餘，交到許多真心的朋友，只是在互動之餘，也要記得為自己保留獨處充電的空間。

還有不少人表示自己的個性害羞，甚至有社交恐懼。這些評價可能來自於自己，也可能來自於他人。其實每個人都有成長的空間，如果你自我設限，也就等於設定了一個自我應驗預言，你的行為會不自覺地朝那個方向靠近。因此，你不妨先問問自己：「與人相處時，我希望成為什麼樣子？」寫下幾個關鍵字，然後勇敢地往那個方向努力，千萬不要自我設限。

到底什麼樣的人在社交場合比較受歡迎？其實這個問題並沒有定論，但我整理了以下四個比較普遍的因素。

❶話可以不多，但要讓人感覺溫暖與友善

在一個社交場合中，什麼樣的人會讓你有好印象？你比較會對什麼樣的人產生信任感？對於我而言，最能讓我產生好感的人，不一定很會說話，但一定會讓我感覺溫暖與友善。

無論年齡、身分、地位，人最基本的需求就是被愛、被理解以及被尊重。如果你能滿足別人的這些需求，給人溫暖與友善的感覺，那麼你就做得很棒了。

如何讓人感受到溫暖與友善？首先你自己內心就要有這種感覺。我在第十二章曾經提到每個人心中都有一個批判魔，批判魔不只評斷你，也評斷其他人。我曾經有一位客戶，對於自己的人際關係非常苦惱，完全沒有深交的朋友。經過探索，他有一個重大的發現，那就是他太容易在一開始與對方相處時就在內心評斷對方：「這個人太笨了，這麼簡單的事情都做不好。」「那個人看起來好虛偽，一點都不值得信賴。」

可想而知，他心中帶著這樣的想法，也很難真誠對待對方。更糟糕的是，即使他掩飾得再好，他內心的負面評價還是會被對方感受到，並觸發對方的批判魔，也對他產生批判。於是，他沒有深交的朋友也就不足為奇了。

因此，我建議他在覺察到內心批判魔對他人的評判後，練習克制自己，不要太快對他人下定論，經過一段時間的實踐練習，他真的很少再隨意評斷他人，也獲得了真誠的友誼。

❷別過分關注自己，對人抱持真誠的好奇

許多沒有自信的人都有一個共同點，那就是非常在意自己的表現，他們擔心自己的外表，擔心說錯話，擔心別人會如何看待自己等等。適度的自我關注是必要的，但若過度就會變成自我意識過剩（self-conscious）。一個自我意識過剩的人，彷彿被一道耀眼的強光聚焦，會

變得更緊張焦慮，很難注意到周圍環境發生的事情。但事實上，其他人對你的關注可能連你想像的一半都不到，你大可放心。

如果你也有自我意識過剩的狀況，就需要把注意力焦點從自己轉移到其他人身上。有個非常好用的法寶就是聆聽，被聆聽是一種非常棒的體驗，原因之一就是在日常生活中，我們被「聆聽」的情況實在不常發生。

常見的聆聽狀態有兩種，第一種是淺層聆聽，是指不關注對方說了什麼，而只關注自己的表現，以及自己接下來要表達什麼，這樣的聆聽很難真正了解對方的想法，讓人產生共鳴。而你需要練習的是第二種深層聆聽，在這種聆聽狀態，聆聽者忘掉自己的觀點、立場、目的，完全從對方的角度思考。驅使你聆聽的動機，是對被聆聽者的關心和好奇，這樣的聆聽才更有可能和對方建立情感上的連結。

因此，當你感到緊張時，不妨試著把關注焦點從自己身上移開，放在別人說了什麼話題，全心地聆聽。這時，你互動的目的就不再是為了讓別人喜歡你，而是為了好好地了解別人。如果你做到了聆聽，你自然也就知道該問什麼問題，該如何讓談話持續進行，這樣就能有效地避免冷場了。

❸為他人帶來正向的情緒價值

當你和一個開心的人相處時，你的心情也會不知不覺地變得開朗；相反地，如果對方看對方看起來很不高興，你也會不由自主地心情不好。丹尼爾．高曼在《SQ》（*Social Intelligence*）提到，人在互動的時候，大腦的神經系統是彼此聯繫，情緒具有強大的感染力。這就是為什麼人都喜歡和情緒穩定的人相處，因為這些人能夠為我們帶來正向的情緒價值。

曾經有個女孩向我抱怨自己的男友很不成熟，因為當他在生活中遇到心煩的事情向男朋友抱怨或耍脾氣時，男友不但不知道如何安慰，反而自己也開始生氣，最後總是不歡而散。女孩的抱怨讓我有點哭笑不得，雖然他的男友在情緒管理上確實有不成熟之處，但是這位女孩也要學會為自己的情緒負責，而不是期待對方無條件地接住自己的負面情緒，也就是情緒成年。當然，這並非表示我們要無時無刻地在別人面前假裝自己很快樂，但不妨這樣問問自己：「在我所重視的人際關係中，我為對方帶來比較多的是正向情緒價值還是負面情緒價值？」

❹主動選擇朋友，讓自己被喜歡你的人圍繞

我曾經看過一篇文章提到，在美國校園少數族裔的孩子，如何避免自己受到霸凌以及更加自信，其中很重要的一點，就是主動選擇對的朋友，讓自己被喜歡你的人圍繞。

我們會接觸到形形色色的人，有些人會成為你的朋友，喜歡你並且支持你，是你堅強的後盾；有些人則不那麼喜歡你，甚至討厭你，無論你如何努力也無法改變他們；而絕大多數的人，則和你沒有什麼交集，對你也不那麼關心。如果你把注意力集中在不喜歡你的人身上，

那麼你就會活得很痛苦。更聰明的做法，是把注意力集中在喜歡你的人身上，培養你們之間的關係，並給予他們同樣的關注與愛。

在你的生活中，如果有些人總是讓你感覺不好，沒有讓你感受到被看見、被尊重，如果你總是在迎合對方、委曲求全……不要懷疑自己的感受，不要覺得是不是自己哪裡有問題，勇敢結束不健康的關係，主動和你喜歡並且對你友好的人互動，這才是自信的表現。

如何更有主見，不再過度擔心別人的看法

曾有一位客戶提到自己在社交場合經常不知道該說什麼，因為他怕自己的想法不夠重要，不夠有趣，說出來也沒人在意。不然就是好不容易鼓起勇氣多說幾句，但因為其他人不友善的回應，於是整個人就像洩了氣的皮球，再也不想說話了。

太過在意別人看法的負面影響

太在意別人的看法，你就無法按照自己的意願生活。

如果你每說一句話之前都要先考慮其他人會怎麼想，擔心說錯話，那麼你可能就不敢說出自己真實的想法，會愈來愈沉默。這時如果你想讓別人喜歡你，那麼你可能就會隱藏真實

的自己，表現出不屬於自己的特質。這樣持續下去，除了「演得很累」，即使別人喜歡你，也不是喜歡真實的你。

我接觸過許多不開心的人，他們不開心的原因是過於壓抑自我，不敢按照自己的想法生活。別人的一句話、一個舉動，都會在他們的心中引起軒然大波。於是，他們的情緒不再由自己掌控，而是交由其他人主宰，這是一件非常危險的事。

此外，**太在意別人的看法，你也會止步不前，無所作為。**要追求自己的夢想，就不能過度擔心他人的評價。以我自己為例，我曾經在美國明尼蘇達大學工作，是一位家庭社會學研究者，但由於對於助人工作的熱愛，後來我決定成為一名全職的情緒教練。我非常熱愛自己的工作與事業，但在過去很長的一段時間裡，除了公司的宣傳活動，我都不好意思向人介紹自己提供的服務，因為我擔心會引人反感。後來，經過一段時間的自我教練，我才意識到，太過在意別人的想法，已經束縛了我的事業發展。我現在選擇的工作，正是需要我持續發表文章、舉辦講座來面對大眾。如果我每寫一篇文章，每舉辦一次講座，都擔心別人會如何評論我，那麼我乾脆就不要做了。畢竟助人工作者，就是會與人產生連結的行業。

如果不過度在意別人看法，你會有什麼改變？

若是能不太過在意別人的看法，你會變得更果敢有主見。

只要是你決定並且認為正確的事情，就放膽行動，不會再拖泥帶水，在猶豫不決中浪費時間和精力。

此外，**如果能不太過在意別人的看法，你也不會花太多的時間做無謂的努力，想讓別人喜歡自己。**這樣的你反而會有一種灑脫的魅力，你的自信也會吸引與你有相同頻率的人，他們喜歡的正是真實的你。

如何處理別人的看法？

許多人雖然知道不該太過在意他人的看法，可是在團體中生活，不在意他人眼光實在不容易。而且先不提外人，光是身邊親近的人，如父母、親戚、朋友……也難免會對我們的生活品頭論足，這時應該如何處理別人的看法？在此我想提出三點建議。

(1)不想受他人的看法左右，你得先清楚自己的想法。

說到底，自己的想法才是最重要的。當然，這並不表示你要一意孤行，完全不考慮其他人的建議。你完全可以參考別人的意見，我也鼓勵你這麼做，但最後下決定的人還是你自己。

人生就是不斷地選擇，站在十字路口，你必須知道自己想走哪條路，每做出一個決定，都要有勇氣為自己的決定負責。或許，這條路不一定是最好的，但這是你經過深思熟慮後做出的選擇，是由你的個性特質和當下狀態所決定。如果再來一遍，你很可能還是會做出同樣的選擇。因此，一旦做出決定，就沒有必要猶豫不決，患得患失，而是要相信自己有足夠的力量，能夠到達終點。

清楚自己的看法，也表示對自我有清晰的認知。許多人每天把時間花在思考別人是否喜歡自己，其實其他人是否喜歡你並不重要，你更需要想的是「我是否喜歡自己？」這又回到第四章所提自信公式的第一個要素：自我接納。當你能夠接納自己，你就更能夠處理別人的批評和意見。若對方的觀點有道理，就學習調整；若是沒有道理的批評，就讓這件事過去。

(2) 釐清這是你的事，還是別人的事。

阿德勒心理學有個重要概念是「課題分離」，是把你自己的人生課題與他人的人生課題分開。然後，你需要做的就是不干預別人的課題，同時也不讓他人干預自己的課題。這麼做之後，你會覺得人生清爽許多，可以減少人際關係的困擾。

如何釐清是自己還是別人的課題，有個很簡單的方法，那就是最後的結果是由誰承擔，就是誰的課題。例如，未婚的凱西最怕的就是過年回家面對親戚的拷問：「有對象嗎？什麼時候結婚？」但是婚姻的選擇結果是由凱西承擔，結婚是凱西的事，與親戚無關，因此凱西完全沒必要因為親戚的想法而煩惱。

有人或許會問，如果是父母催婚該怎麼辦？在華人重視家庭的傳統文化，子女是否結婚、何時結婚、是否生小孩，對父母有一定的影響（也許是經濟層面仍需要父母支援）。因此，在面對父母的催婚，直接忽視確實比較困難，因此你需要更有耐心地和父母溝通。但說到底，婚姻大事的結果終究是你自己要承擔，因此仍然取決於你自己。

⑶允許其他人有不同的看法。

許多人沒有自信是因為人際關係的煩惱，具體而言，就是擔心其他人不喜歡自己。如果你知道有人不喜歡你，你可能會感受到自卑、憤怒、憂鬱、受傷、沮喪等種種負面情緒，這些都是源自於別人不喜歡你，但這件事卻是你無法掌控的事。因此，最好的方法就是允許其他人可以有不同的看法，並且不強求。只要想清楚這點，你就會感受到前所未有的自由。

你可以把自己想像成是一個世界上最好吃的榴槤，可惜，有人天生就不喜歡吃榴槤，因此，即使你再好吃，也會有人不喜歡。但是，這並不是你的錯，當然也不是不喜歡榴槤的人的錯。你不需要自卑，只需要做好自己，並找到那些愛吃榴槤的人就好。

chapter 14

職場關係的情緒困擾

point

允許自己有成長的空間，將精力專注在問題的解決

四十歲的明城是一家企業的高階主管，從事人力資源管理相關工作。由於明城在工作中出現情緒的問題，他的老闆希望藉由教練會談能夠協助明城調整改變。

明城是一個比較情緒化的人，當他心情好的時候，工作特別有熱情，但是當他心情不好時，工作效率就會受到影響。前一陣子，由於另一位高階主管當眾指責他的工作失誤，明城和對方爆發激烈的爭吵。後來，在老闆的勸說下，雖然兩個人表面上和好了，但實際上卻很難與對方共事合作，因此導致公司業務受到影響。

明城的團隊成員為數不少，但明城在團隊領導部分也需要有所提升。他不太擅長激勵下屬，他的喜怒無常也經常讓人無所適從。明城不常對下屬噓寒問暖，覺得那是虛情假意，因此他通常表現得很嚴肅，其他人也不敢和他親近。最近因為一位被資遣的員工不滿意資遣條件，便將公司告上了法院，而明城作為人力資源主管，也連帶承擔了不少責任。明城的職業生涯從未遇過這麼大的挫折，雖然老闆沒有責怪他，但他還是一蹶不振，有很長一段時間都無法振作，工作和生活都受到極大的影響。

工作是一個人生活中重要的一部分。在工作中，我們需要好好處理和主管、同事、部屬之間的關係，也常常會遇到職場人際關係的困擾，本章我們就來談談職場關係中常見的情緒困擾。

如何經營人脈，建立良好互惠的人際關係

小敏終於鼓起勇氣辭職，成為一名自由接案的設計師。但他很快就發現創業比想像

中困難，因為需要不斷拓展新客戶，才能維持穩定的收入。小敏有許多朋友，但是他也擔心請朋友介紹客戶會影響朋友之間的情誼，因此不願意主動開口。有一次，他到一家企業洽談合作，發現其中一位負責人是母親的好友。他很想向對方表明這層關係，但又擔心讓人覺得自己走後門，於是心中非常掙扎。

在現代社會，事業發展仍然離不開人與人之間的情誼和信任，以及人脈經營。談到人脈經營，有些人可能會覺得太過功利，甚至和靠關係、走後門等負面字眼聯想在一起。但其實自古以來，人類要生存下去就離不開彼此的協助，因此互相幫助使人類得以延續的行為，早已經刻在每個人的基因之中。

經研究證實，人都有利他性，例如我們如果幫助別人，就會從心底感受到助人的快樂。我有位忘年之交，這位老先生非常喜歡音樂，曾經組了一個銀髮族樂團，連續多年都到兒童醫院為病童表演。這些長者樂手也因此獲得醫師、小孩與家長由衷的感謝，但他覺得有點不好意思，因為他真心覺得自己從這件事情得到更多的快樂，自己才是受益者，怎麼反而受到別人的感謝。從他的經驗看來，在條件允許的情況下，大多數人都願意幫助別人。

能夠為彼此帶來正向情緒感受的相互協助，當然有利於關係經營。但是也有看似互相幫助，但實際上卻是一種失衡的狀態，反而引發助人者或受惠者內心的負面情緒。如果付出或接受的一方，心中有不舒服的感受，長遠來看，必定會影響彼此的關係。

❶主動尋求朋友協助，是一項重要的人生技能

朋友是我們實現目標的支持力量，有不少人遇到困難時不好意思麻煩朋友，只想自己解決，但其實向人求助是一項重要的人生技能。有時候你覺得自己孤軍奮戰，是因為你從來沒有發出求助的訊號，當你說出自己的需要，許多朋友都會在第一時間趕來。

或許有人會覺得自己沒有什麼個人魅力，因此吸引不到什麼朋友。事實上，如果你有想法和目標，走在自己的軌道，為夢想努力，就一定可以吸引到同類型的人。

如果想要主動尋求朋友協助該怎麼做？你需要具體明確地說出你的需求，如果你只是含糊地感嘆：「現在做生意不容易！」那麼朋友除了安慰你，最多也就只能給你一般的回應，通常不是你想要的建議。相反地，如果你明確地請教：「你有沒有認識誰可能會對我的產品感興趣？」「有沒有方法可以讓我增加品牌知名度、社群點閱率？」這樣朋友就更容易提供你所需要的幫助。

❷向有經驗的人請教，找到生命中的貴人

除了朋友，你也可以鼓起勇氣向有經驗的前輩請教或尋求協助。

我的教練培訓老師——心理學家班．迪恩（Ben Dean）曾經提到，自己剛成為心理學家時，打算開立專門的心理診所，但卻不知道該如何進行行銷宣傳。於是，他聯絡了三十多位心理學家，邀請對方喝咖啡，並向對方請教行銷宣傳的相關經驗，每次會面大概十五至三十分鐘。讓他驚訝的是，幾乎所有的心理學家都答應見面，而且也提供非常多有價值的資訊和建議，讓他在短期內就學會許多行銷宣傳的概念與方法，他的診所開業後也非常成功。這個方法就稱為「資訊式面談」（Informational Interview）。

如果你面對一個新領域感到一頭霧水，或是在工作上遇到了困難，請教有經驗的人提供建議確實是快速獲得資訊的好方法。更可貴的是，這個方法也可以幫助你建立人脈，找到生命中的貴人、導師或是有相同目標的夥伴。

如何對職場的不公平待遇說「不」

二十五歲的小勤剛開始自己第一份工作，由於是部門新人又任勞任怨，老闆漸漸開始增加他的工作量，同事也會找他幫忙，使他經常需要加班到半夜。午休時間，同事可以結伴悠閒地用餐一個小時，但是他卻因為擔心工作進度，總是在座位上隨便吃沙拉解決。小勤覺得很不公平，卻不知道該如何拒絕老闆和同事的要求。

小勤的問題就在於他不會說「不」，這可能源自於他的討好型人格，很難拒絕別人的要求，甚至不惜犧牲自身的利益作為代價。這類型的人認為被接納是有條件的，只有自己做得夠好，才有可能得到別人的喜愛。在他們內心深處，害怕一旦拒絕別人，對方就不會再喜歡自己。

就像小勤害怕一旦拒絕老闆或同事的要求，老闆就不會器重自己，同事也不會喜歡自己。但是事實上，超時的工作讓小勤非常疲累，也容易出錯，這反而讓老闆對他的表現不滿意。他幫同事做事，卻沒有得到應有的回報，一定會心生不滿，反而更不利於他的人際關係。因此，他必須學會說「不」，才能在公司有更好的發展。

該如何說「不」呢？如果對方是你的老闆，最好不要直接拒絕，提出事實是比較好的策略。你可以說明你目前的工作進度與優先順序，如果要加入老闆安排的事，其他的工作進度會有哪些調整。例如，老闆臨時要求你安排一個會議，你可以說：「好的，我可以馬上開始處理，不過，原定的結案報告可能就要往後延一週。」這樣的回答，你並沒有直接說「不」，但可以讓老闆了解你的工作量以及你需要的工作時間，你也能藉此了解老闆的優先順序，討論收回安排會議的工作，或是延後結案報告，或是指派人力協助完成。

如果同事請你處理不屬於你工作範圍的事務，你完全可以選擇拒絕，而且不必感到愧疚。你可以和對方分享你的工作量，取得諒解。在說明的時候，語氣可以委婉，但立場與傳遞的資訊要非常堅定，避免模棱兩可。透過建立清晰的界線，保護自己的時間，才有精力做對你而言更重要的工作。

如何專業處理職場衝突

工作在生活中的占比不小，如果在職場發生衝突，會直接影響我們的幸福感。如何專業處理職場爭端？以下是我的一些建議。

❶以善意揣測對方的意圖，減少潛在的人際衝突

當你感覺被同事冒犯時，先別急著生氣，而是先試著往好的方面想：「他這樣做是否有自己的道理？他是不是對我有誤會？他是不是在趕時間？他是因為心情不好才口不擇言？」大多數人都希望能夠與同事好好相處，基本上也不願意發生爭執，因此先以善意揣測對方的意圖，可以減少許多潛在的人際衝突。

❷直接而誠懇地表達不同的意見，創造雙贏

在職場上出現意見相左的情況非常正常，但如果沒有成熟的處理方式很容易傷害到彼此的感情，若是情感層面受到傷害致使發怒、態度消極或是生悶氣、流淚等都不是健康的處理方法，對彼此沒有任何好處。

最好能夠以誠懇的態度溝通表達自己受傷的情緒，如：「你剛才在會議上當著所有人的面指出我工作上的疏失，卻沒有事先和我溝通，這讓我覺得非常難堪。」你還可以直接向對方表達自己的需求：「下次若有類似情況，希望能先和我私下溝通，這樣會讓我感覺比較好，也更願意接受你的建議。」最後，你還可以表達如果對方答應你的請求，你會如何回報對方的善意：「我們兩個部門業務有許多重疊的地方，如果我們能夠彼此尊重，我很願意盡我所能地配合，一起為公司創造業績。」

❸工作不等於你，不需要把工作上的分歧帶入個人生活

在職場容易感覺受傷的人都有一個共同點，就是會把工作上的分歧帶入個人層面：「你不滿意我的工作，就是覺得我這個人不行。」連帶整個人的自我價值感都會降低，自然對於所謂「打擊」自己的同事心生埋怨。我曾親眼見過兩個原本關係不錯的朋友因為事業上的衝突變成仇人，從此老死不相往來，這真的是非常遺憾的事情。

工作是工作，個人是個人，以成熟的心態面對，不要讓工作上的衝突影響到私人情感，

更不要讓職場爭端危及個人幸福感。我見過許多高階主管可以在開會時因為意見相左而彼此拍桌爭論，但散會後還是能勾肩搭背一起用餐聚會，不讓工作影響個人生活是一種成熟的態度。

❹即使是對方的錯，也要向前看，不受困於過去

雖然前面我曾提到，如果感覺到被同事冒犯，盡量以善意揣測對方的意圖，但不可否認，有時候對方的言語或行為確實不妥，已經傷害到你，可是你們還得一起共事，這時該如何是好？

我的建議是放下過去，向前看。如果一直糾結於過去，你就無法從已經發生的傷害中走出來，這就像是反芻，讓自己一再重複經歷那段痛苦，對你沒有任何好處，只會讓自己受困於受害者的身分。此時放下過去是最好的選擇，不再自我懲罰，是有氣度的表現。

不糾結於過去，並不是消極地順從同事的錯誤做法，而是想清楚自己要達到的工作目標，希望對方如何配合，以及自己有哪些資源可以運用。釐清自己的目的，再正向地表達自己的需求。

❺如果犯錯就勇於承擔，但不需要過度道歉

我有位客戶說自己剛到一家新公司，就加入一個專案團隊，他是團隊中資歷較淺的成員。

有一次他負責預約會議室卻發生失誤，等到大家去開會時，才發現會議室已經有人在使用，雖然他馬上訂了另一間會議室，可是有位同事對他非常不滿，諷刺他粗心大意，連這麼簡單的事情都會出錯。

當他跟我說這件事的時候，可以感覺到他的心情非常沮喪。我當時建議他，承認自己的疏失，但沒有必要過度道歉，更不要為此影響自己的自信和心情。沒有人是完美的，如果你的失誤屬於無心之過，並且沒有造成嚴重的後果，而你卻一再道歉，這樣反而會折損你的形象，也會非常影響自己的自信心。

當與同事發生衝突時，如果確實是你做錯了，就大方承認錯誤，並且勇於承擔，解決問題。道歉要適度，有時過度道歉無益於問題解決，反而引起更多不必要的問題。

在職場如何展現自信與能力

二十七歲妮可最近剛進入顧問產業，跳槽到一家新公司。他是名校出身，在上一份的工作表現也很好，可是在新公司卻變回了職場菜鳥。他說話時總是讓人覺得不夠自信。例如，在主管面前進行工作報告時，說話的聲音很小，一緊張說話速度就特別快，明明做了很多事，卻在報告中一語帶過，讓主管誤以為他工作量不多。在客戶面前，他給人的感覺就是不夠堅定，沒有顧問的權威感，經常受到客戶的質疑，有時候必須要同事協助才能搞定。

剛開始這份新工作時，妮可的確經常犯錯，有些錯誤是因為他確實不懂，而有些錯誤卻是因為主管給的工作指令有誤，但他卻不敢跟主管確認核對。現在主管對他的表現很不滿意，說話很不客氣，同事也覺得他拖累團隊。妮可在這份工作做得很痛苦，也非常懷疑自己的工作能力，更擔心自己遭到開除。

在這個案例中，妮可最大的問題就是對自己的能力不夠有自信。雖然他學歷很好，在上一份工作表現也很棒，但他選擇性地忽略自己的優勢，而把注意力集中在自己的錯誤以及他人的負面評價。他覺得自己能進現在的公司一定是出於僥倖，無法看到自己的價值。由於沒有自信，因此在職場人際互動時，他把自己放在很低的位置，即使對方說得不對，他也不敢跟對方確認，這樣反而讓對方沒對他保持應有的尊重。在職場中，要如何讓自己更有自信，我有兩點建議。

❶勇於展現自己的能力，也是一種能力

在職場中，擁有真正的才能與學識非常重要，但如何表現自己也同樣重要，這會影響其

他人對你能力的認知。在國外生活的這些年，我發現許多美國人非常擅長表現自己，無論能力如何，都能表現得自信滿滿，讓人覺得很厲害。相比之下，有些雖然有能力但不善於表現自己的人，在職場上就會比較吃虧。因此，如何才能讓自己在職場上展現更有自信的樣貌？

首先，在開口之前，先想清楚你的目的是什麼。例如，向主管進行工作報告時，你最想傳達什麼訊息？在與客戶談判時，你的底線是什麼？有了清楚的目標，你的言語就會更有邏輯，給人專業幹練的感覺，話題也不會容易被帶偏。

其次，你的立場要夠堅定，並且確信自己要表達的內容。例如，面對客戶詢問時，如果妮可對自己所給的答案不夠確定，那麼他的猶豫與遲疑必定會表現出來，讓客戶產生不信任感，覺得他不夠專業。因此，妮可需要用更果斷而堅定的語氣與客戶溝通，帶給客戶足夠的安全感和專業感。

最後，要留意自己的語言習慣。如果你經常無意識地使用「嗯、是吧」之類的語助詞，就會顯得不夠乾脆俐落。如果你緊張時容易說話速度變快，也要有意識地提醒自己放慢速度。此外，當對話過程出現中斷時，不需要急於填滿空白，你只需要說完自己表達的內容，然後就等待對方的回應，這樣會顯得更加自信和從容。

❷相信自己的專業能力，允許自己有成長的空間

首先，你要相信自己既然獲得這份工作，就證明你的專業能力已經初步過關。每一份新

工作都有學習曲線，一開始表現不好，並不代表你的能力不足，只是你需要更努力地提升自己。其次，當你的工作表現受到批評時，不要一下子就被自卑感打倒，如果對方的批評讓你意識到自己確實知識或能力不足，那麼就花心力提升補足，如：報名相關課程、參加公司的培訓或是請教資深前輩等，將批評轉化為具體成長的方向與動力。如果對方的批評沒有道理，就不必放在心上，維持自己原本的做法就好。

有個小技巧可以幫助提升自信，就是書寫「成功日記」。每天記錄你做得不錯的事情，即使是再微不足道的成功小事，都值得被記錄下來。這個過程能引導你把關注焦點放在自己的優點、而不是缺點，讓你的自信和能量能夠持續提升。

情商與領導力

傳統觀點認為一個好的領導者需要具備：遠見、洞察力、高智商、經驗豐富等特質。事實上，情商也是其中之一，甚至是最重要的部分。

我的朋友小毅曾經在大學從事研究工作，他向我描述過自己的前主管是專業領域有名的學者，經常受到同行讚譽有加。但是當他親身和前主管工作後，才發現他是一位非常糟糕的主管。

前主管情商不佳，除了沒有工作的基本尊重，甚至還以獲得貼紙來評價團隊同仁的工作表現，以對待小學生的方式來對待團隊的研究員與博士生，雖然他開的薪資條件在學術界並不低，但由於對他的不滿，有能力的研究員待沒多久就會跳槽。前主管很困惑為什麼下屬都離他而去，從來沒有意識到是自己的情商和領導方式出了問題。

一個高情商的主管是什麼樣子？我整理了以下幾個特質。

❶能夠自我覺察

自我覺察是情緒管理的基礎，對於培養高情商領導力也不例外。一個高情商的主管知道自己的優點和缺點，也對自己的情緒有覺察能力。當他們的情緒被引動時，能迅速識別是哪種情緒，並能妥善處理，而不會任由情緒橫衝直撞，對人造成傷害。

本章一開始提到的明城比較情緒化，心情好的時候對人和顏悅色，心情不好時也會明顯地表現出來，與這樣的主管工作，會讓下屬的工作精力浪費在觀察主管的臉色而影響績效，實在是得不償失。有研究顯示，九十五％的人自認有覺察的能力，而事實上只有十％至十五％的人真正懂得自我覺察。幸好，自我覺察是一項經由訓練就可以有所提升的能力，可以回頭參考第一章的相關內容，有意識地加強你的自我覺察能力。

❷具有同理心

身為一名好的領導者，只覺察自己的情緒還不夠，還需要了解他人的情緒。同理心（empathy）就是設身處地了解他人的想法和情緒，並盡自己所能提供安慰和幫助。許多人將同理心與同情心（sympathy）搞混，但事實上這兩者並不相同，心理學家布芮尼・布朗在他的TED演講中對此有很具象地描述：當看到一個人被困在漆黑的洞穴中時，有同情心的人會在洞口安慰他，試圖告訴對方情況並沒有那麼糟；而有同理心的人，則是一同待在漆黑的洞穴陪伴對方。

小毅提到有一次他和那位前主管聊天時，提到自己的小孩生病，跑了好幾趟醫院，因此只能晚上熬夜寫論文，非常辛苦。但是前主管的回應卻是：「做研究就是這麼累，我忙的時候比你還累，還不是堅持下來了。」從那次之後，小毅覺得自己很難再對前主管產生信任感，因為他不相信在遇到困難時，前主管能夠為自己提供足夠的支持與幫助，其他的同事也和他有相同的感受。

有同理心的主管會對下屬給予尊重與平等地對待，並且能夠經由聆聽、提問等方式讓人感受到真誠的關心。下屬會對主管有足夠的信任，因此，當主管提出改善建議時，也比較不容易引起防衛心態，認為這是對他們的人身攻擊，而是更願意接受建議，專注於問題解決。

❸懂得激勵員工

談到激勵，一般會先想到物質上的報酬，給予適合的薪資與獎金確實很重要，但在工作中，若能有正向情緒的體驗，就能有更深層的激勵作用。以小毅與前主管的工作經驗為例，他的前主管雖然個人能力很強，提供的待遇也不錯，但因為缺乏對團隊成員的精神鼓勵，因此成員頂多是完成交辦的工作事項，完全沒有發揮出每個人應有的潛力。

商業教練史汪特斯（Marcel Schwantes）在美國商業媒體《Inc.》領導力專欄曾指出高情商主管激勵員工的八種方式：

- 從增加一對一的溝通開始。
- 找出他們的工作願景和深層動機。
- 提供適合的資源，協助他們有更好的工作表現。
- 經常稱讚和鼓勵對方。
- 共同尋找和創造工作的意義，讓他們感受到自己工作的價值。
- 協助他們發展新技能，有助於個人發展。
- 讓每個人都有參與感和自主性，鼓勵同仁之間發揮領導能力。
- 相信他們有能力勝任自己的工作。

❹善於處理人際關係

高情商的主管善於處理複雜的人際關係，當團隊成員發生問題時，他們不會含糊帶過，也不會迴避艱難但關鍵的溝通。必要時他們會尋求外部專業資源的協助（如明城的老闆尋求情緒教練介入處理），當資源有限時，他們會根據團隊的共同願景和價值觀來決定資源的分配，而不是根據個人的好惡。

與這樣的主管共事，有清晰的原則依循，也不需要過度揣測主管的個人心思，員工會更有安全感。主管的行為會帶來正面的示範，也能夠營造正向務實的團隊氛圍。

▼chapter 15

親密關係的情緒困擾

point

在關係中做好自己，有人愛很好，但是你也可以愛自己

一對新手父母在討論晚上誰要起來照顧寶寶的問題，由於妻子是全職的家庭主婦，白天已經整天在照顧寶寶，因此一開始討論時妻子就說：「我白天照顧寶寶已經很累了，晚上還要起來好幾次，你永遠就只知道呼呼大睡，好像小孩是我一個人的一樣，我整天都睡不好，快變成黃臉婆了。」

先生想緩和氣氛便說：「哪有這麼好看的黃臉婆啊？」可是妻子板著一張臉，一點笑意也沒有。於是先生為自己辯解：「我白天要開車，晚上如果睡不好，注意力不集中容易有危險。」

妻子冷笑地說：「你睡得好就能好好開車嗎？車上的刮痕是誰撞的？」先生說：「那你告訴我晚上起來該怎麼照顧寶寶吧。」但是妻子繼續諷刺：「真是好爸爸，連怎麼照顧寶寶都不知道。」於是先生就不說話了，不管妻子再說什麼，他都沉默以對。

這段對話真的讓人非常難過，如果持續這樣的溝通方式，日復一日，年復一年，他們的婚姻前景真的很不樂觀。在他們的對話中充滿了批評、鄙視、辯解和冷戰，這也就是約翰・高曼（John M. Gottman）博士在《七個讓愛延續的方法》（*The Seven Principles for Making Marriage Work*）書中所提影響婚姻關係的「四騎士」：批評、輕蔑、辯解、停止溝通。

親密關係是一種非常奇妙的關係，當關係良好的時候，會使人容光煥發，心情特別愉悅；但是當關係不好的時候，原本應該讓人感到平靜的家就會變成痛苦的所在，讓人心情非常不好，甚至令人窒息到想要逃離的狀況。一般認為女人比較感性，比較容易受到親密關係的影響，但其實對男人而言，良好的親密關係同樣也很重要。這些年我有一半以上的客戶，都在親密關係有些困惑。在這一章，我就來談談如何看待和處理親密關係中的矛盾衝突，以及如何使用教練的方法，來解決親密關係常見的情緒困擾。

如何看待和處理親密關係中的衝突

我有許多客戶想要接受教練會談協助的原因，是因為他們和伴侶之間似乎有無法協調的問題，這些矛盾衝突讓雙方陷入很大的情緒痛苦。

我有時會上網瀏覽一些女性論壇，發現經常有女性在論壇上分享和伴侶之間的問題，如性格不合、理財觀念不同、教育理念的衝突、家務分配不合理等。這時候通常就會有人留言：「現在後悔也來不及了吧！」「為什麼婚姻這麼不幸福，還生兩個孩子？」每次看到這樣的回覆，我就會想，回覆者可能把婚姻想得太簡單了。

許多中年夫妻就像夾心餅乾，上有高堂下有子女，生活的壓力鋪天蓋地迎面而來，現實生活與期望的理想狀態可能已經截然不同，這時候一定會感到生活的重重阻礙與壓力，當我們承受不住的時候，會發生什麼事？

這時候我們會把所有的情緒都發洩在最親近的人身上，有人可能會想：「都是因為伴侶做了什麼或沒做什麼，我的生活才會有這麼大的壓力。」但事實上，是生活或工作的壓力，還有我們本身處理壓力的能力不足，而造成婚姻的衝突。因此，其實許多人的婚姻問題，是自己的能力還沒達到自我期望的狀態所造成的問題。

當我們在婚姻中感到痛苦，甚至想要離婚的時候，請誠實地問問自己，我一個人能不能更幸福？如果不能，那表示自己的成熟度還不夠。我在第二章曾經提到情緒成年的概念，佛洛姆（Erich Fromm）在《愛的藝術》（*The Art of Loving*）也曾提到，一個不成熟的人無法擁有真正的愛。而一個情緒成熟的人，無論和誰在一起，都有幸福的能力。因此，在遇到婚姻問題的時候，先不要想著責備對方，不要把伴侶當作敵對勢力，而是應該一致對外，聯合起來擊退生活中不斷出現的挑戰。想清楚這一點，大約就能讓伴侶之間的衝突減半。

那麼，如果是夫妻或伴侶之間本身發生衝突，要如何處理？我有一位三十多歲的女性客戶，他和先生最大的意見分歧就是關於四歲孩子的教養問題。他堅持愛與自由的理念，而他先生卻認為教養孩子需要嚴格一點，夫妻二人彼此都不讓步。

夫妻或伴侶發生衝突非常正常，而絕大部分的爭吵經常是無解的。當兩個人走入婚姻或親密關係時，本來就代表兩種不同文化的碰撞：信念不同、想法不同、原生家庭不同、價值觀可能也不同。雙方長期試圖改變對方的想法卻成效不彰，這是因為雙方大部分的爭執所在主要是來自於生活方式、個性或價值觀的根本差異。為這些差異爭吵，結果就是浪費時間，而且會對親密關係造成傷害。

想像一個圓形和一個三角形走入親密關係，圓形希望三角形變成圓形，而三角形也想改變圓形，結果只會是兩敗俱傷。圓形和三角形的不同就像雙方之間的不同，面對這些差異，我們所能做的就是尊重差異。我們要明白在親密關係中，對方這個人本身比差異更重要。

我有一位朋友提到自己和老公吵嘴時，六歲的孩子都會有點擔心。這時候，他就會和老公停止爭執，溫柔地抱住孩子說：「爸爸媽媽雖然在吵架，但仍愛著對方。」

因此，整體而言，面對親密關係中的爭執，我建議要理解夫妻間的許多衝突是來自生活中無法處理的壓力，是來自我們目前的能力跟期望的落差，而非來自對方；也要明白在幸福的婚姻中，人比差異更重要。理解這兩點，就能構成處理夫妻衝突的心理基礎。

在這個基礎之上，我來介紹一種教練式的解決衝突的方法，叫作「第三選擇」，這是柯維在《第 3 選擇》（*The 3rd Alternative*）書中所提的概念。當我們和對方有差異時，經常會採取非黑即白的思維模式：我是對的，你是錯的；三角形是好的，圓形是不好的；子女教養就是要用愛而不是責罰等。而第三選擇，就是在黑與白之外，找到一個更好的方法，讓雙方都能從衝突中找到一條出路。如此一來，雙方的需求都能得到某種程度的滿足，能夠確立共同的目標，並且達成共識。

我來舉個例子，春嬌和志明是一對夫妻，春嬌比較重視家庭生活，但志明是個工作狂，有時候也會在家加班工作。週末的時候，志明想要工作，但春嬌希望他能夠陪自己和小孩。於是他們想到一個解決辦法，就是志明開車載全家去遊樂園，到了遊樂園，志明可以找個安靜的地方工作，而春嬌可以帶著小孩玩。他們對這個解決方法都很滿意，這就是第三選擇。在現實婚姻關係中，也許不是每個衝突都有明顯的第三選擇的解決方法，這時候就需要我們付出更多的思考和努力。如何找到第三選擇來解決衝突，下面是我的建議。

首先，所有夫妻間的爭吵，都要「溫和開場，妥協收場」。在本章一開始的例子當中，妻子想要先生分擔晚上帶寶寶的責任，這個要求雖然合理，但不應該一開口就批評、輕蔑對方，最好是以溫和的方式和先生開始討論。

其次，我要特別強調的是，在所有的爭論中，沒有人永遠是對的。雖然認為爭吵的原因都在另一半，這是很自然的事，但是為了打破這種思維模式，雙方都要承認自己在這場衝突也有責任。即使你堅信自己是對的，也不能完全依自己的方式來處理事情，因為這樣並不公平也會傷害親密關係。因此，用第三選擇的思維方式解決衝突，就是要聆聽彼此，看到對方沒被滿足的需求，看到對方要求中合理的部分。討論的時候，要避免對伴侶的要求不聞不問，也不要毫無主見地贊同對方，而是想清楚自己的立場，也誠懇地考慮接受對方的立場。

在回到本章一開始爭執的夫妻，妻子的立場是：我不能一個人一整晚都照顧寶寶不睡覺，但我可以做大部分的工作。而先生的立場是：至少要有六個小時的睡眠，因為白天工作不能補眠，但不介意晚上起來照顧寶寶一次。

最後，在確認雙方的立場後，就可以展開對話，腦力激盪，列出所有可能的解決方案。於是這對夫妻最後的解決方法是：淩晨最後一次換尿布餵奶由先生負責，這樣先生能夠有完整的六個小時連續睡眠，也分擔了晚上照顧寶寶的責任，這也是第三選擇。

那麼，如果伴侶之間真的遇到根本性的差異與分歧，應該如何處理？柯維在《第 3 選擇》提到，化解僵局的目的不是去解決這個問題，而是擺脫僵局，展開對話。在你的親密關係當中，陷入僵局的衝突可能是一個永久性的問題，但是，當你能夠在不傷害對方的情況下談論這個衝突時，你就學會了與這個問題共存。

伴侶把家務都推給我，怎麼辦

我實在是聽過太多人抱怨這個問題了，而且可能由於是傳統觀念的緣故，抱怨者大多是女性。因此我在探討這個問題的時候，主要會以女性的角度切入，但是我所提供的方法可以男女適用。

在分析對方不願分擔家務的問題時，我們首先要了解對方不願意這麼做的原因。任何行為都可以從三個角度來分析，就是「知道、能夠、願意」。也就是說，對方不做家事，是因為不知道、不能夠，還是不願意呢？原因不同，對應的方式也會有所不同。

如果對方不知道有家事要做，那就明確地告訴對方需要做什麼，而不是自己生悶氣，以為對方明明知道卻故意偷懶，有些人真的需要明確的指令才會有所行動。需要注意的是，到底有哪些家事要做，其實這有點主觀。許多男人不熨衣服、不擦地板，是因為他們不覺得筆挺的襯衫和一塵不染的地板很重要，他們可能也會有自己認為的重要之處，例如，我家的車如果髒了滿是灰塵，我不覺得有什麼，但我先生就受不了，會買全套的洗車工具，把車洗得乾乾淨淨。因此當我們抱怨對方不分擔家務的時候，可以先思考一下對方的立場。

對方不分擔家務，也可能是因為真的做不到，如工作實在太忙，那麼我們要做的，不是要求對方去做他做不到的事情，而是適當地降低自己對家務的預期。例如，如果先生晚餐之後沒有洗碗，會怎麼樣？其實除了看到髒碗會心裡不舒服之外，天並不會塌下來，而且跟先生洗碗相比，我更願意趁著天色未暗，全家一起出去散步，到大自然環境充充電，這樣帶來的幸福感比看到乾淨的碗要強烈得多。如果先生不分擔家務，是因為寧願把時間花在打遊戲等活動，然後不願去做，那問題可能稍微嚴重一點，但也並不是沒有解決辦法，以下我想介紹一個教練工具，叫作「家庭目標」。

教練工具：家庭目標

「家庭目標」如何協助家務分配？我想以我的客戶小麗與先生遇到的狀況舉例說明。

四十一歲的小麗有一份正職工作，跟先生育有兩個孩子，由於小麗的母親需要照顧，因此和小麗一家住在一起。他每天除了工作，還要接送小孩、張羅三餐、打掃家裡、帶母親看醫生等，生活非常忙碌。而他的先生正好就是不會主動做家事的人，小麗要他洗碗，他會拖拖拉拉才洗；要他帶小孩上補習班，他也會不甘不願地做。如果小麗沒有主動要求，先生根本不會做這些事。小麗終於忍不住和先生吵了一架，先生很委屈地說：「你叫我做的事我都做了啊！」小麗說：「我希望你能主動分擔這些事，而不是我叫你做你才拖拖拉拉地做，我不但要一直跟你說去做什麼事，還要確認你到底做了沒，這樣實在太心累！」

我其實非常理解小麗生氣的點，我覺得他最惱怒的就是，先生覺得家務是太太一個人的事的態度，然後自己表現得像是局外人，做任何事情都像是在「幫忙」，並沒有把這些事當作自己的事。我認為主要原因可能是**他們的小家庭沒有一個共同的目標，兩個人的目光方向不一致。**於是我建議小麗使用「家庭目標」這項教練工具。

使用「家庭目標」的第一步，需要夫妻雙方各自填寫自己未來一年，在生活各領域的個人目標和家庭目標，包括：財務、夫妻關係、健康、工作、家務、教養、人際關係和休閒等領域，這時可以參考表 6 格式，盡情填入自己的想法，不需要考慮目標的數量和可行性，各自表列自己的「年度家庭目標．個人目標與家庭目標」即可。

然後，接下來第二步就需要針對自己表格中的目標進行精簡，由於人的精力有限，必須圈選出自己內心真正想要的個人目標和家庭目標。

再來就是第三步，需要將雙方的表格放在一起討論，先針對彼此的個人目標，討論對方目標的可行性，再討論家庭目標，找出雙方表列家庭目標的共同點。然後，將雙方共同的家庭目標填入表 7「年度家庭目標．共同目標與行動計畫」中，最後一起填寫實現家庭共同目標需要的行動計畫。

以小麗為例，他三歲的女兒由於身體比較不好，經常生病，因此他和先生不約而同地把

表 6　年度家庭目標．個人目標與家庭目標

領域	個人目標	家庭目標
財務 如：存錢目標		
夫妻關係 如：約會、 性生活		
健康 如：運動飲食、 壓力管理		
工作 如：重要成果、 升遷收入		
家務 如：顧小孩、 家務分工		
教養 如：課外活動、 親子活動		
人際關係 如：舉辦派對、 朋友聚會		
休閒 如：旅行、 發展興趣		

表 7　年度家庭目標・共同目標與行動計畫

領域	家庭共同目標	行動計畫
財務		
夫妻關係		
健康		
工作		
家務		
教養		
人際關係		
休閒		

改善小孩健康作為家庭目標之一。他們列出的行動計畫包括：(1)每週帶小孩運動三次，每次一個小時；(2)每週外食次數不超過兩次，其餘在家裡煮食；(3)確保小孩九點半前上床睡覺。有了共識之後，接下來就能更順利地討論細節，如：誰帶小孩出門運動、誰來煮飯、誰負責調整小孩的作息。小麗的先生比較喜歡運動，因此不用小麗開口，先生馬上就接下帶小孩運動的事項，還願意以後每週做三天飯，好讓自己的寶貝女兒吃得好一點。小麗告訴我，自從共同討論家庭目標之後，先生對於家庭事務的參與程度明顯提高，而且態度也變得積極多了。

除了「家庭目標」，我也提供小麗幾項建議。首先，**感恩心態非常重要**。不要只看到先生沒有做什麼，應該多看看他做了什麼。有個很有意思的調查，就是讓夫妻分別列出自己所分擔的家務量占比，相加之後發現總和大於百分之百。我們經常會不自覺地高估自己對家庭的貢獻，而低估對方的付出。小麗說自己平常覺得先生在家裡是不做事的大少爺，但是有一次先生出差，他變得手忙腳亂，才發覺其實先生也是默默地分擔了許多家事，只是自己過去沒有注意。

其次，**當一項家務分配出去之後，就不要管太多，而是應該信任對方，讓對方放手去做。**在教養方面經常會有這樣的狀況，由於許多妻子都覺得先生的教養方式太嚴厲，不懂得現代科學的教養知識，於是總是出手介入。其實大可放輕鬆一點，小孩不但需要媽媽的溫柔，也需要爸爸的嚴格，孩子並沒有想像中的嬌弱。

還有一點很重要，那就是向伴侶表達不滿時，盡量不要用「你」開頭的句子，**這樣聽起**

來很容易變成責備，會讓對方一下子進入防衛模式。比較好的做法是用「我」開頭，這樣能夠表達自己的感受，也能讓對方更容易接受。

當然，可能有人試過所有的方法，但是伴侶還是不願意分擔家務，這時問題比較複雜，可能反映了親密關係中更深層的問題，這些問題可能比分擔家務的問題還大，因此這時候可能就需要尋求專業人士的協助了。

我們每個人都應該清楚自己的能力範圍，清楚關於家務問題的底線，並且堅持自己的底線。如果你決定讓先生自己洗衣服，那麼就真的不要再幫他洗了，用這些時間做一些自己喜歡的事情，這並不是自私，而是一種關愛自己的表現，畢竟，只有自己杯子裡的水滿了，才有多餘的分給別人。

伴侶之間如何擺脫疏離感，讓關係更親密

疏離感與親密感相對，是指對他人冷漠疏遠的感覺。與人連結是人類的基本需求，尤其是在親密關係當中更是如此。愛情當中的疏離感很容易導致雙方漸行漸遠，最終以分手或離婚收場。

我有一位客戶表示自己和男友在大三的時候就在一起，那時候感情非常好，每天二十四

小時都黏在一起。後來大學畢業，他留在學校繼續讀研究所，男友則開始工作。由於男友工作壓力大也非常忙碌，彼此大約一兩個星期才能見一次面。接著兩個人開始會為一些小事吵架、冷戰，我的客戶發現自己不再期待和男友在一起的時間，許多話也不會想對男友說，更不知道從何說起，覺得兩個人的感情漸行漸遠……

長年研究婚姻關係的心理學家約翰．高曼博士的一項研究證明，有八十％的離婚者認為自己的婚姻關係破裂是因為彼此逐漸疏遠，喪失親密感，或是因為在關係中感受不到愛與欣賞，只有二十％的夫妻表示婚外情要為婚姻關係破裂負部分責任。

伴侶之間為什麼會產生疏離感？有人可能會認為是因為時間長了，厭倦了。但其實我認為厭倦只是表面原因或部分原因。造成伴侶之間疏離更重要的原因，是彼此之間數不清的負面情緒。如果你和伴侶生活在一起，當新鮮感褪去後，開始為生活瑣事爭執，如：你不喜歡對方衣服亂丟，而對方也很煩你總是碎念。漸漸地家務問題成了一個地雷區，更不要提經濟壓力、婆媳關係……每次討論起來，雙方都會產生許多負面情緒，久而久之想到對方，湧現心頭的不再是甜蜜，而是憤怒、恐懼、孤獨，你覺得自己是受害者，對方讓你感覺很受傷。你不喜歡這樣的自己，於是，為了避免體驗這些負面情緒，你會漸漸地要求自己從情感上疏遠對方。於是你開始懷疑：我們的感情是不是到了盡頭？我們到底該不該繼續下去？

這就是疏離感對於親密關係的負面影響，因此，伴侶之間要如何減少疏離感，讓關係變得更加親密呢？下面是我的幾點建議。

❶減少負面情緒，正向表達自己的需求

剛才提到在親密關係中造成疏離的重要原因，就是數不清的負面情緒。許多人對外人態度很好，但唯獨對家人脾氣特別差。有些人覺得如果你愛我，就要像我的父母一樣容忍我的壞脾氣；這些人對伴侶的要求很高，一旦對方無法達到要求，就會開始抱怨或生氣。久而久之，會使伴侶開始緊張、害怕，產生疏離感也是遲早的事。

對此我建議，要有意識地減少你的負面情緒，多多正向表達你的需求。如同第十一章所舉的例子，如果你希望對方洗碗，與其生氣或冷戰，不如好好地直接說出你的需求。多用積極正向的情緒來取代負面情緒，給予對方正能量，讓彼此相處的時光更加溫暖有愛，那麼你們之間也會變得愈來愈親密。

有些人一吵架就慣性提分手，雖然這些人的本意只是希望對方能多關愛自己，但這在親密關係中是非常不好的習慣。心理學有個概念叫作「錨定效應」，是指人很容易會根據先前取得的資訊來做決定。人在開始一段認真的感情關係時不會想著分手，而是希望天長地久。可是如果經常提分手，就很容易會輕易地將分手當作一種選擇，如此一來，有時候不是真心想要分手，卻會因此選擇分手，讓自己陷入不必要的負面情緒。

❷積極聆聽，彼此看見

你是否曾因為不知道伴侶喜歡什麼，不知道如何挑選生日禮物而煩惱？其實許多時候，

對方已經在日常生活中多次透露自己的需求，只是我們沒有仔細聆聽。在親密關係當中，日復一日年復一年，我們沒有真正看見對方的需求。

被聆聽是一種非常棒的體驗，原因之一就是聆聽在日常生活中實在太少發生。有多少次我們一見到對方，就迫不及待地表達自我，卻沒有靜下心去聆聽對方。我們關心伴侶是否加班，是否洗碗，卻不知道對方的內心在想什麼，真正需要的是什麼。想要改變這種狀況，我們需要學會積極聆聽。積極聆聽是指你在跟對方溝通的時候，放下批判，帶著真誠的關心與好奇用心聆聽。你可以提問，但這些問題只是為了讓你能夠理解對方，而不是為了反駁或辯解。只有這樣的聆聽，才能讓你深入地了解對方的想法。而被聆聽的對方會感覺溫暖與被愛，也更願意反過來聆聽你的想法。於是，你們的心靈靠得更近，關係也會愈來愈親密。

有一個簡單的方法，可以增加伴侶間的聆聽與了解，那就是每天問問對方：「你今天過得怎麼樣？」然後把耳朵完完全全交給對方。約翰·高曼博士將此稱為「減壓談話」，有研究證明，這種談話有助於處理來自親密關係以外的壓力，如工作挫折或人際關係不順等，也有利於親密關係的長遠健康。

❸重視身體語言的力量

雖然伴侶間的聆聽與談話很重要，但也不要忽視身體語言的力量。

其實，在人與人的溝通當中，說話內容所傳達的占比只有七％的訊息，說話語氣則占比三十八％，而有五十五％的訊息都是由身體語言所傳達，這就是「7 3 8 5 5 原則」。這代表我們的身體語言和話語同樣重要，並不是只有語言才能表達親密。如果你覺得說甜言蜜語很肉麻，那不妨可以用身體語言來表達情感。

❹重視兩個人單獨相處的時間，一起做一些事

在這個日益忙碌的社會，我們忙著學習、工作、社交、上網，卻和伴侶的互動愈來愈少。因此，我給大家最後一個增加伴侶間親密感的建議，就是重視兩個人單獨相處的時間。每週一次的約會之夜，就是很經典的能夠增加親密感的方法。

有沒有你們兩個都喜歡的活動，如看電影、運動，卻因為種種原因好久沒有一起行動了？無論如何，一起去做吧！

有沒有對方一直想要和你分享的興趣，你卻不怎麼心動因此一直找理由推託？無論是什麼，一起去做吧！

愛情的發生可以很偶然，但要維持一段感情卻需要持續的努力。如同照料植物，需要經常滋養，適當地日照、澆水，植物才能茁壯成長。持續不斷地和伴侶一起做一些事，陪伴彼此，就是親密感所需要的陽光和養分。

缺乏安全感，時時擔心伴侶劈腿偷吃

在現今社會，劈腿偷吃的新聞特別多，無論你是否正在一段親密關係之中，這些資訊都可能會對你的感情觀產生一定的影響。如果你本身就自信不足，很可能就會在心中默默地焦慮：萬一我的伴侶劈腿偷吃怎麼辦？

自信就像是一個人的底層思維系統，擁有自信能夠讓我們在人生各領域都變得更好，親密關係也不例外，而沒有自信也會為親密關係帶來許多負面影響。在一段健康的親密關係當中，雙方應該是平等且勢均力敵的狀態，沒有自卑感，也沒有優越感，兩個人在一起是一種放鬆、平靜而自然的狀態。在這樣的狀態下，愛才可以自由地流動。如果你在這段關係中不夠自信，就會為你們的關係埋下隱憂。如果連你都不相信自己有被愛的價值，又怎麼能相信別人會真心愛你。於是，你可能就會在這段關係中委曲求全，壓抑自己的需求去滿足對方。久而久之，你在這段感情中會漸漸喪失話語權，也失去對方的尊重。

你有可能因為害怕受傷，而築起一道厚重的心牆，不敢全心全意地投入愛。你可能因為擔心被對方拋棄，因此索性主動結束一段本來發展不錯的關係。你還有可能因為不敢信任對方，所以需要一個又一個「考驗」來證明對方的真心。你甚至會做出傷害這段關係的事，只因為你深信對方總有一天會離開你。於是，對方也接收到你的心理暗示，最後，你所擔心的事情可能真的就發生了。由此可見，自信在我們的親密關係當中是多麼重要。

那麼，如果你會一直擔心伴侶劈腿偷吃，該如何是好？接下來，我想協助大家加強四個心理建設。

❶明白伴侶劈腿不是你的錯

導致劈腿的原因實在是太複雜。有些人偷吃，確實是因為雙方關係出了問題，自己的需求無法在這段關係得到滿足，於是就另尋找他人來滿足自己。但是，正因為這種說法非常普遍，因此許多被劈腿的一方不但遭受對方背叛，還被外界認為是因為自己不夠好，才「逼」得另一半出軌，甚至連他們自己也相信這種說法。這無疑是對自己的雙重打擊，會讓人自信心跌入谷底。事實上，與傳統觀念不同的是，出軌不一定是因為你們的關係出了問題，即使是快樂的情侶也可能會遇到劈腿偷吃的狀況。原因非常多，一個常見的原因是出軌的一方想要自我探索，尋求新的自我或失去的自我。出軌也可能是為了享受破壞規則的樂趣，就像有些人小時候喜歡偷偷惡作劇。有些人和兒時朋友或舊情人出軌，是因為想要體驗另一種曾經錯過的生活。還有些人是為了打破一成不變的生活，重新感受年輕活力。

探索劈腿偷吃的原因並不是本章的重點所在，我想強調的重點是，**如果伴侶劈腿，並不一定是你的錯！**這也是我想給大家的第一個心理建設，有了「對方劈腿，並不代表我是一個失敗者」的心理認知，我相信可以減少懷疑伴侶劈腿的無謂擔心，我們的內心也會變得更強大。

❷學會與不確定相處

我在第三章中曾提到，世界上的事大致上可以分為三類：自己（我）的事、別人（他）的事、老天的事。「自己的事」是自己可以完全掌控，「別人的事」是我們可以影響，卻不能掌控。伴侶是否會劈腿偷吃，就屬於「別人的事」，我們可以經由一些努力增加關係的幸福度，但幸福的關係並不代表保證對方能夠一輩子不變心，因為說到底，這畢竟是「別人的事」。

釐清「自己的事」和「別人的事」，你就打下了第二個心理建設基礎，那就是**一個人在親密關係中只需要做好自己，並盡力影響伴侶，但不需要為對方是否劈腿而煩心。**

這樣的作法並非消極，而是接受事實。隨著年齡漸長，我愈來愈覺得「接受不確定」才是健康的感情觀，人生唯一不變的就是改變，改變可能變好，也有可能變壞。正因如此，「防止伴侶劈腿」沒有意義，與其祈禱對方永遠不會劈腿偷吃，不如學習與不確定相處。

埃絲特．沛瑞爾（Esther Perel）是我很喜歡的一位作家，也是一位專門研究出軌問題的婚姻治療師。沛瑞爾認為我們永遠不可能真正掌控伴侶，對方是獨立的個體，只是選擇與我們在一起。許多人在踏入婚姻或親密關係的時候，都抱持浪漫一生一世的幻想，但其實，**伴侶不屬於我們，只是暫時「租賃」給我們，既然是「租賃」，那就有可能續約，也有可能不續約。**

當我與客戶分享這個觀點時，許多人一開始都覺得難以接受，但仔細想想又覺得確實如此。而我認為，知道我們可能會失去伴侶反而是一件好事，這會讓人更加用心投入親密關係，使關係變得更有生機。有許多人在結婚多年後，特別是有了小孩，就會忽視對親密感情的經營，把心思全部放在工作或小孩，失去熱情和親密，「床上運動」變成例行公事，不再花心思在對方身上，上一次單獨約會也彷彿是西元前的事了。

把對方視為理所當然地長期持有，正是許多婚姻問題的原因。因此，清楚明白感情的不確定性，其實是一件好事。

❸對伴侶抱持信任，對愛情保持信仰

接受親密關係的不確定性，是不是代表我們就不能完全信任伴侶呢？其實正好相反。信任並非尋求百分之百保證不會被傷害，也不是要對方保證不劈腿，我才要信任對方，而是在明知不確定的前提下，仍然對愛情和婚姻保持信仰。這種寶貴的信仰不只可以讓我們在婚姻中更加坦然，不再疑神疑鬼，而且也能讓對方有所感受，能夠讓婚姻的基礎更牢靠。

有許多人把伴侶看得很緊，硬性規定對方不能有異性朋友，偷偷查看對方的手機，這樣反而會有反效果，因為違反規則是人類的天性。因此，我要給大家的第三個心理建設，就是**在擁抱不確定的前提下，對伴侶抱持信任，對愛情保持信仰。**

❹自我提升，讓自己更加自信

最重要的心理建設就是自我提升。我有一位朋友在非常年輕的時候就嫁給一個事業有成的生意人，當時的他只有國中學歷。由於先生不喜歡他出去工作，於是，在十幾年的婚姻當中，他只做了一件事，就是學習和自我充實。他是我見過最努力而自律的人之一。他考了許多證照：人力資源管理師、物流管理師等，之後還考取上海知名大學的ＭＢＡ。後來他到一家《財星》世界五〇〇大企業擔任管理工作，表現得非常出色，獲得老闆和許多人的欣賞與認同。

這些經驗拓展了他的眼界，讓他從一個懵懂的女孩變成一位成熟又有魅力的女性，也讓他和先生的關係悄悄發生轉變。以前先生常會嫌棄他什麼都不懂，對家庭沒有貢獻，可是現在對他則多了尊重和欣賞。我為什麼要舉這個例子呢？因為我認為他在這段關係當中變得愈來愈有自信，過去的他除了年輕什麼都沒有，每天都擔心先生會離開他，可是他持續努力自我提升，漸漸發現自己即使沒有先生也可以活得很好。

我有許多缺乏自信的客戶，他們也許是因為自己的薪資低，或是因為年齡漸長而不夠自信，不自覺地就在親密關係中自居低位，這樣反而是在對伴侶發出不好的訊號。總之，**一個人要有足夠的自信，而且夠愛自己，才能將愛分享給伴侶，而對方有所感受之後，才更願意回報同樣的愛。**

拒絕精神家暴：情緒虐待

提起家暴，大家首先想到的是毆打、疼痛和傷痕。這種外在的身體暴力非常容易辨識，也是大多數人在婚姻中無法容忍的底線之一。可是，還有一種精神家暴——情緒虐待（emotional abuse）難以察覺，但是所造成的傷害卻一點也不亞於身體暴力。

什麼是情緒虐待？看看下面的例子你就會明白了。

志明和春嬌帶著小孩一起去旅行，到了機場才發現，負責機票的春嬌漏帶小孩的機票。雖然春嬌和航空公司協調後順利登機，但是志明一路上都在數落妻子的失誤，整個旅程都板著一張臉。

過了一年，春嬌剛生完第二胎，仍在住院恢復，公婆前來探視，等長輩離開之後，志明開始責備妻子沒有起身迎接公婆，還說春嬌「隨便給小孩取什麼名字都無所謂」。到了出院那天，志明也沒有依約來接春嬌和寶寶，在這件事情之後，春嬌對他和志明的婚姻感到澈底失望。

精神家暴，就是婚姻中其中一方對另一方進行身體之外的控制、恐嚇、貶低、懲罰或疏離。施暴的方式有許多讓人自我感覺不良好的行為，如：

- 在人前當眾取笑你，不留顏面。
- 經常貶低或忽視你的想法、意見和需求。
- 經常嘲諷你，或是開一些讓你感覺不好的玩笑。
- 責備你「太敏感」，藉以轉移你對他的不滿。
- 永遠只會指出你的缺點、錯誤或過失。
- 在情感上疏離，無法給予溫暖和支持。
- 拒絕溝通。

許多時候精神家暴的受害者，甚至都不知道自己正在遭受情緒虐待。即使有所覺察，但是要讓施暴者意識到自己的行為已經帶來傷害，也並不容易。久而久之，遭受精神家暴的一方會感覺自己不被聆聽，不被看見，沒有價值，開始覺得自己不值得被愛。更糟糕的是，他們可能每一天都如履薄冰，害怕觸怒對方，陷入持續不斷地自我批判，深怕自己做得不好，又受到對方的攻擊。

精神家暴可能天天上演，也可能會在每次的精神家暴之間有個短暫的「蜜月期」。在蜜月期的時候，對方表現得溫存體貼，並且保證不會再犯。可是受害者隱約知道，這絕對不會是最後一次。這些受到精神家暴的人，肉體雖然維持完整，但靈魂已慢慢枯死……

為什麼會發生精神家暴？

所有的家庭暴力往往始於指責：「我感覺不爽了，這都是你的錯。」偶爾，施暴者會意識到自己的問題，但他們會說：「我剛才可能確實反應太大了……但看看你都做了什麼！是你讓我這樣。」他們真心覺得自己才是受害者，因此把自己的錯誤都歸咎於對方，心安理得地傷害對方。

那些在精神層面施暴的人，在童年時期往往也曾經歷過精神暴力。過去的經驗讓他們焦慮，由於不知道何時會受到傷害，因此會害怕對環境失去掌控。這些人以自我為中心，不能或不願意從他人的角度考慮。他們可能也缺乏自我反省，很難花時間去思考：為什麼我會如此刻薄對待自己深愛和想要保護的人？那些曾經受到精神虐待的人，表面可能看似自信強勢，但潛意識卻認為自己不值得擁有與對方平等的待遇。他們非常看重親密關係，因此，把伴侶對自己的接受度和關愛視為個人價值的表現，把婚姻和子女放在自己之前。

如何停止精神家暴？

許多人可能默默忍受多年的精神家暴卻不自知。畢竟，他們的伴侶從來沒有動過他們一根手指頭，而且事業有成，對外人謙和有禮，讓所有人都如沐春風。因此，他們雖然心中苦悶，卻不知道是怎麼回事，只能把跟對方的摩擦都歸因於「性格不合」。因此，停止精神家暴的第一步，就是了解精神家暴有哪些特徵，然後真實地剖析自己的親密關係，讓內心告訴你真相。請你問問自己：

- 對方給你的打擊多於支持？
- 對方給你的批評多於讚美？
- 在你傷心難過時，對方表現冷漠多於給予溫暖？
- 對方的家庭氛圍緊張多於和諧？
- 對方動不動就責備你，而非承擔自己應盡的責任？

當一個人意識到自己正在遭受精神家暴時，需要非常堅強，才能勇敢地對精神家暴說「不」。在感情中遭受精神虐待的人，或多或少都曾經在親密關係當中迷失自我，因此，這些人**首先需要重建自己強大的內心，告訴自己值得被愛和尊重。**這時可以試著問問自己這些問題：

- 我愛自己嗎？
- 我是否已經發揮自己最大的潛能？

- 我的夢想是什麼？要如何實現？
- 如何讓自己更快樂？
- 如何讓我的孩子感受到更多的愛，更快樂？
- 我需要一個什麼樣的伴侶？
- 我應該如何改變？我應該如何協助我的伴侶調整？

這些問題的目的，是要讓你重新把自己放在最重要的位置，希望你能夠思考如何讓自己更快樂，而不是一味地放低自己討好別人。希望協助你一點一點地強大起來，讓靈魂重新散發光芒，變得無所畏懼。只有你變得勇敢，才能夠保護自己的孩子不受負面的家庭氣氛傷害。有了強大的內心，你才能在遭受精神家暴時保護自己。如果伴侶的話語或行為無意中傷害了你，請明確地告訴對方。有時候，單憑一己之力很難改變現狀，如果你正在遭受精神家暴，或是不確定自己所經歷的是否屬於精神家暴，可以找個安全的所在傾訴，或是尋求專業協助（如教練輔導、心理諮商等）。記住，你並不孤單。

除了那些極端自私的人，其實大多數精神家暴者也具有成為好伴侶的潛質，經過學習和介入協助，他們能夠願意正視自己的問題，更加尊重伴侶。因此，如果你正在遭受精神家暴，請勇敢地面對、溝通、解決問題，而不要輕言放棄，除非情況真的很糟。最後，請你明白，有人愛固然很好，但即使沒有，你還是可以愛自己。

▶chapter 16

親子關係的情緒困擾

point

以成年人心態，擺脫原生家庭的困境，做子女的情緒教練

三十九歲的若琳從事管理工作，已婚，育有九歲與兩歲的孩子。他正處於事業發展上升的階段，希望好好打拚事業，再向上晉升，可是家庭似乎成為他事業發展的阻力。老大升上三年級之後，眼看著其他家長都將小孩送補習班加強課業，若琳也很著急，但是工作忙碌的他沒有時間接送小孩來回課外輔導。老二還沒上幼稚園，白天由爺爺奶奶照顧，但由於老人家的溺愛，總是無原則地滿足小孩所有的要求。眼看著老二愈來愈不受控，若琳非常擔心卻不好說什麼，害怕引起家庭革命。

若琳對於生活品質比較有要求，希望在工作之餘能夠有時間運動、與朋友聚會或看畫展。可是自從有了小孩，他的時間除了工作就全部奉獻給家庭，下班後要帶小孩，週末假日也是帶著小孩參加各種才藝班和家庭活動。這麼多年下來，他覺得自己幾乎要筋疲力盡了，心中時常冒出「要是沒有小孩該有多好」的念頭，但馬上又會被滿滿的愧疚感淹沒。

若琳自認為脾氣還不錯，可是近幾年來，他發現自己愈來愈容易發火。尤其是老大賴著不寫功課，或是已經要趕著出門而老二卻耍賴不肯移動的時候，他都覺得心中有一股無法遏止的怒火，忍不住對小孩大吼。他知道這樣不對，事後也非常後悔，可是情緒一來就是無法控制自己。最讓他擔心的是，他發現兩個小孩的脾氣也變得愈來愈差，一不順心就大哭大鬧，老大甚至學會故意說很傷人的話，這讓他覺得非常難過。若琳很清楚這怪不得別人，身為父母自己都管不住自己的脾氣，又怎麼能責怪孩子呢？

若琳與自己的父母關係很一般，他的父親脾氣也不太好，母親又特別強勢，很愛遙控指揮自己如何教養小孩。若琳只好盡量減少與父母的往來，但不時還是會為自己的原生家庭而煩惱。

親子關係是每個人生命中非常重要的關係，也與我們的幸福感息息相關。親子關係不只包括自己與子女的關係，也包括自己與父母的關係。在這一章，我就來談談在這兩種親子關係常見的情緒困擾。

原生家庭：如何與強勢的父母有效溝通

我曾有客戶提到自己的父母比較強勢，從小到大什麼事情都是父母說了算，如果沒有順從，他們就會用很暴躁的溝通方式結束對話。由於害怕受到父母責備，我的客戶不敢表達自己真正的想法，久而久之愈來愈自卑，和其他人的溝通對話也變得沒有自信而畏畏縮縮。

「我是為你好」……有些父母以愛之名掌控子女，小到吃飯穿衣，大到工作擇偶，什麼都要依照自己的意思，不允許子女有自己的想法，子女一旦反抗，輕則嘮叨，重則打罵。

在這樣的家庭環境中成長，久而久之，子女就會屈服於父母的威嚴，產生這樣的想法：「反正我說什麼都不算數，那就全部都聽你們的好了。」於是更加唯唯諾諾，愈來愈沒想法，結果還被父母認為沒有主見。更悲哀的是，如果小孩經常受到父母的壓制，年幼的孩子只會責怪自己：「大人一定沒有錯，是我不夠聽話，不夠優秀，他們才會這樣對我。」慢慢地，孩子會把這些自我批判內化，變得愈來愈自卑。

如果前面描述的狀況就是你的原生家庭，我想先給你一個大大的擁抱。同時，我也想告訴你一些方法，能夠讓你重獲自信。

❶正向看待原生家庭，不做受害者

首先，不要把自己視為原生家庭的受害者。受害者會認為自己現在之所以如此不幸，都是父母的錯。有受害者心態的人，一定會對父母有所埋怨，和父母關係愈來愈差，形成惡性循環。此外，把所有問題都推到父母身上的同時，也不可避免地會失去自己的力量，變得更加負面消極，有些人甚至故意不好好地過自己的人生，以此作為對父母的「報復」：「看吧，都是因為你們的錯，我才會變成現在這樣。」但是，你一定知道，這麼做傷害最深的還是你自己。

許多研究顯示，原生家庭確實會對一個人的人格塑造和發展有重大的影響。但是，如果因此就認為「原生家庭是一切痛苦的根源」，對於這點我絕對無法同意。

情緒教練與心理諮商的最大差異在於，心理諮商會更著重追溯過去，了解問題發生的根源，而情緒教練則更關注現在和未來。教練傳達給客戶的核心信念就是：過去的事情已經發生，不可改變。既然你不喜歡，就從現在開始可以做些什麼來改變。因此，追溯原生家庭的影響不是為了埋怨父母，而是為了完全地接納自己的過去，把失去的力量拿回來，然後輕裝上陣，為自己的人生負責。原生家庭不是你可以選擇的，過去也不可能改變，但從現在開始，你可以選擇自己的人生方向，塑造自己想要的未來。

❷以成年人心態，與父母對等相處

面對強勢的父母，年幼的孩子別無選擇，只能服從和聽話，這非常正常。但是，為什麼許多已經成年的子女，還在抱怨父母管太多呢？

我認為其中一個重要原因，就是這些人童年時期與父母的相處模式已經固定，不敢在父母面前表達自己的想法，即使成年後，也很難一下子改變。

二十四歲的雪倫是我的客戶，他的父母非常強勢，即使雪倫已經出社會了，但父母還是會干涉他的生活。尤其是他們不喜歡雪倫的好友，覺得雪倫的好友個性太強，工作也不好，擔心會對女兒有不良影響。每次雪倫和好友一起出去玩，回到家父母都會數落他。

我建議雪倫用成年人而非小孩的心態與父母對等溝通。雪倫從小到大都很聽話，很少對父母說「不」。但是他現在已經成年，理應自己做主。於是，在我的鼓勵下，雪倫鼓起勇氣和父母對話。他解釋為什麼自己很珍惜和那位好友的友誼，並說出自己的決定：他會繼續和那位好友往來，父母可以不喜歡，但不會影響他的決定。而出乎雪倫的意料，父母聽了之後並沒有強烈反對，而是尊重他的決定。從這件事之後，雪倫也覺得自己成長許多。

以成年人心態與父母相處還有另外一層意思，那就維持獨立。如果父母對你過分干涉，除了父母本身的原因，還有可能是因為你的表現不夠成熟以及對父母的依賴，讓他們不相信你有能力管理自己的人生。

成年人理應承擔起責任，為自己的未來負責，如果你的經濟或日常生活理應自己承擔的部分，仍需要父母一起分擔。那麼在埋怨父母強勢的同時，也可以同時檢視自己的狀態，是否還沒有達到一個成年人應有的擔當。

❸從愛出發，建立界線

如果父母對你極度控制，完全沒有讓你自主的空間，面對這樣的父母，我建議你和父母之間要建立界線。所謂界線，就是你清楚地知道：這些是你自己的事情，不希望父母插手。如果他們越界，你會怎麼做。

以前面雪倫為例，和誰交朋友是雪倫自己的事情，即使父母反對，他還是會繼續這份友誼，這就是雪倫在自己與父母之間建立的界線。

雪倫並沒有憤怒地對著父母大喊：「你們為什麼要管我？」他允許父母表達他們的意見，雪倫要做的只是建立起清晰的界線：「即使你們反對，我仍然會和他繼續做朋友。」因為雪倫是成年人，有選擇做什麼或不做什麼的權力。

心理學家布芮尼・布朗在一次的訪談中提到，他曾經告訴父母自己打算送一歲半的孩子去幼稚園，他的父親聽到之後，直接說這是個錯誤的決定，孩子還小，最好取消這件事。布芮尼・布朗深吸了一口氣，告訴父親：「我理解你的好意，但我無法容忍別人干涉我如何養育自己的孩子。」說完之後，他覺得自己渾身都在顫抖，但這同時又是一種很棒的感受。許多為人子女者可能都有類似的體會，當一個人停止做順從的孩子時，他就成了真正的父母。布芮尼・布朗說：「我們尊重父母最好的方式，就是相信他們養大的孩子，也就是我們自己。（The best way we can honor our parents is to trust the person they raised——myself.）」這句話真的非常有力量。

建立界線時，有兩點需要注意。

第一，要先管理好自己的情緒，再與對方溝通你的界線。如果你對父母的控制感到憤怒，那麼這不是一個談界線的好時機，很可能一言不合就發生爭執。你需要先調整自己的情緒，等達到平靜與愛的狀態後，再和他們談，這樣效果會好很多。

第二，許多人建立界線失敗的原因，在於他們曾信誓旦旦說對方若越界自己會如何回應，可是當真的發生越界的情況時，卻沒有真正地貫徹執行。這樣不但會失去對方的尊重，也會讓自己感覺不好。

不可否認，建立界線這件事並不容易，尤其是如果你從未對父母說「不」，就更難一下子改變。但是，我真的認為建立界線是經營健康的親子關係非常重要的部分，如果你不希望受到父母全方位的控制，你真的要試著建立界線。此外，當你學會建立界線後，不僅有助於你和父母的相處，在職場和其他人際關係中，也會讓你受益良多。

❹坦然面對父母的情緒

與父母建立界線之後，有些人會擔心，萬一父母傷心或生氣該怎麼辦？許多人無法擺脫父母的掌控，是由於不知道該如何面對父母的負面情緒和批評，因此用自己的妥協來換取和平。

但我想說的是，你完全可以允許父母對你失望或生氣。他們是成年人，有選擇想法和情緒的自由，而你也是獨立的個體，不應該受父母的想法和情緒的左右。這時也觸及關於自信的議題，自信的你愛父母，也愛自己；自信的你有完整的自我價值系統，相信自己的判斷，也明白自我的價值不會因為父母或他人的評價而改變；自信的你拒絕被道德綁架，只做自己認為正確的事情。只要你是帶著愛與父母溝通，相信他們即使現在不喜歡你的決定，但最終都會諒解。因為健康的親子關係從來都不是控制和占有，而是理解與愛。

隔代教養：與父母教養觀念不同調，怎麼辦

現在許多父母退休後，都願意幫子女帶小孩與分擔家務，協助子女的小家庭減輕負擔。但是如果遇到隔代教養的教養觀念不同調，這時該如何處理？

就以若琳為例，他很感激公婆白天幫忙帶老二，但同時也對公婆的教養方式感到苦惱。例如，公婆覺得老二太瘦，每一餐都讓孩子吃得很撐，可是在若琳看來，孩子一點都不瘦，吃多了反而容易消化不良。小孩有什麼不合理的要求，只要一嘟嘴，公婆一定會妥協，這在若琳看來就是助長小孩的壞習慣。若琳和先生雖然享受到隔代教養帶來的便利，但也因為這些教養觀念不同調而苦不堪言。

如果你和父母有教養觀念的衝突，但又需要父母協助帶小孩，又該如何處理？下面是我的一些建議。

❶父母應自覺成為教養小孩的主力

身為父母應該有這樣的自覺：父母才是教養小孩的主力，而祖父母只是協助的角色。在我看來，祖父母帶孫子，能夠確保孫子吃好、睡好、安全就已經很不錯了，不能要求太多，至於教養與設立規矩，應該是父母的責任，而不能推給爺爺奶奶。

有人可能會礙於現實狀況，實在無暇成為教養孩子的主力。但我想說的是，如果你真的

忙到無法花時間在小孩身上，而讓祖父母成為小孩的主要照顧者，那就需要理解這樣的隔代教養一定有利有弊。如果你決定享受長輩協助照顧小孩帶來的便利，那就要做好準備承擔可能隨之而來的問題，權衡利弊後做出選擇，才能讓你以更正向的心態面對隔代教養不同調所帶來的煩惱。如果你把教養小孩的重擔都推給長輩，又要求長輩必須完全按照你的方式，那就未免太理想化了。

❷抓大放小

第二個處理隔代教養不同調的原則是抓大放小。在我看來，在教養觀念不同調的問題上，只要不觸及底線，都可以睜一隻眼閉一隻眼。如果你實在因為長輩的做法而感到困擾，如睡前偶爾給小孩吃糖果，那就想想十年、二十年後，這個問題還會是問題嗎？眼光放遠一點，不要只盯著眼前的小事。但是若觸及底線，如長輩覺得小孩不坐安全座椅也無所謂，而且還固執地不聽勸，由於安全問題並非小事，在這個時候，就要堅持自己的立場溝通。

有時候我們太在意父母和我們在教養觀念上的不同，卻忘記身為一家人，大家的終極目標其實都一樣。父母和我們一樣愛小孩，一樣希望小孩能夠健康可愛。而只有和諧的家庭環境才能讓孩子健康成長，因此如果因為教養觀念不同而對父母有所不滿的時候，可以保持同理心，試著從大方向著眼，就能跳出眼前的局限，心態也就會隨之平靜。

如何在育兒的同時，擁有自己的時間

這些年來，我自己身為一位母親以及教練，聽到最多的抱怨就是因為養小孩而沒有自己的時間。研究顯示在嬰兒出生的第一年，新手父母平均減少四十四天（一〇五六小時）的睡眠時間。嬰幼兒需要無微不至的照顧與陪伴，需要父母付出大量的時間和精力。當小孩長大後，父母又要接送才藝班、補習班，擔心小孩的學習、交友……總之，換了一種方式繼續忙碌。

許多家長承擔生活的重擔，事業、家庭、自我的平衡一直以來都是個難題，也是許多壓力的來源，對於女性尤其如此。以若琳而言，他希望在事業上有所成就，但養育子女也占據他大量的時間。他希望能保有休閒、運動、充電等活動，但卻沒有足夠的時間來做這些事情，因此產生焦慮和痛苦。表面上，這是一個時間管理的問題，可是本質上，這是一個人生優先順序的問題，也是一個選擇題。前美國第一夫人蜜雪兒・歐巴馬（Michelle Obama）對女性說：「你可以擁有一切……但不是同時擁有。（You can have it all …but not at the same time.）」當你確定人生的優先順序之後，就可以做出選擇，把有限的時間花在當下對你真正重要的事情上，而不會在無關緊要的事情上掙扎和痛苦。

以我自己為例，在我家老大剛滿六個月的時候，全家搬到美國，我做了一段時間的全職家庭主婦。當過全職家庭主婦的人都知道，看似好像什麼都沒有做，但其實什麼都是我們在做，每天非常忙碌，而且都是在做一些非常瑣碎的事情。因此一開始的那段時間，我的心情非常不好，覺得每天都在虛度光陰。

可是後來，我的想法改變了。我突然意識到，其實我不是必須這樣帶孩子，我完全可以把小孩放在電視前，讓他自己看電視；我也可以選擇把小孩送去幼稚園，這樣我白天就可以做我想做的事；我甚至還可以把小孩送回老家，讓我父母照顧。可是我並沒有作出這樣的選擇，因為我更願意在小孩人生的最初幾年用心地陪伴他。因此，當時在家帶小孩其實是我自己的選擇，是我當時人生的第一優先順序。這樣想清楚之後，我的心態真的發生非常大的轉變，我再也不會整天抱怨，而是更加享受和小孩在一起的時光，因為這是我自己的選擇，我的內心也獲得久違的平靜。

做全職主婦一年多之後，我回到大學工作，人生優先順序也隨之改變，事業在我的生活中成了更加重要的事情。過了幾年，老二出生，我的重心又轉移到小孩身上。就這樣，在每個人生階段，我都選擇優先做當下對我而言最重要的事情。

我很喜歡這樣的比喻：人生由許多季節組成，就像春夏秋冬。在不同的季節，我們都有自己當下最重要的事情要做。或許在現在的這個季節，你的生活主要是以小孩為重心；到了下一個季節又會以事業為重心；之後可能是父母。在每個季節做那個季節該做的事情，就能減少許多內在的衝突，獲得內心的平靜。

當然，當下對某個領域有所側重，並不代表要對其他領域完全置之不理。平衡還是一個重點，過於重視事業而忽略小孩的成長，或過於關注子女而忘記自己，都是一種失衡的表現。身處於現代社會，每個人都如同身兼數職的演員，扮演著不同的角色：子女、伴侶、父母、員工、老闆……想要讓生活有條不紊，就需要在不同的角色之間切換，而不是顧此失彼。

教練工具：角色時間管理

如何平衡生活中各種角色的需求，在這裡分享一個非常簡單卻實用的教練工具，叫作「角色時間管理」。這項工具有點像週計畫表，表頭是週一到週日，表格第一個欄位是你在這一週中所要扮演的所有角色，依照當下階段的重要性依序填上你在這一週所要承擔的角色（如自我、母親、妻子、員工等），然後把各個角色所對應的待辦事項分配到每一天，如果能寫上具體的時間區間就更好了。

每天起床後先看看自己今天要進行的待辦事項與主要角色，就會更加清晰明瞭，而且可以提醒你，不會因為忙於某個角色而忽略其他的角色，生活也會更加平衡。

表 8　角色時間管理

日期：

每週 / 角色	週一	週二	週三	週四	週五	週六	週日
角色：_______							
角色：_______							
角色：_______							
角色：_______							
角色：_______							
角色：_______							
角色：_______							
角色：_______							
角色：_______							
角色：_______							

老是對小孩發脾氣，無法控制情緒

若琳有一次帶小孩去上游泳課，眼看就要遲到了，可是小孩出門前堅持要去換一條褲子，若琳苦口婆心地勸說要遲到了，能不能先上車到了游泳池可以直接換泳裝。可是小孩就是堅持一定要換，否則就不出門。若琳感覺到自己瞬間爆炸，對著小孩大聲怒罵了一頓，最後小孩哭著上車，那天的游泳課還是遲到了。

在說這件事情的時候，若琳的眼眶都紅了，覺得自己吼完孩子非常後悔，可是當時不知道怎麼了，情緒就是不受控制，必須爆發出來才行。身為若琳的教練，我問了他三個問題：

- 你最近對自己的關愛是否足夠？
- 對小孩發脾氣前，你是否有對情緒的覺察？
- 對小孩發脾氣前，你的負面想法是什麼？

這三個問題的背後，蘊含了對小孩發脾氣這個問題的三種解決思維。

❶關愛自己，才能關愛孩子

我在第十一章曾提到，憤怒是一種衍生情緒，背後通常是沒有受到滿足的生理和心理需求。我們都知道，當自己疲累或是本身心情就不好的時候，就特別容易發脾氣。因此，當你發現自己最近經常對孩子發火時，就要先問問自己：「我是否有好好地關愛自己？」只有自己杯子裡的水夠滿，才有足夠的愛和耐心給予孩子。自我關愛有許多形式，如：給自己獨處的時間、運動、朋友聚會、培養自己的興趣等，凡是讓你感覺良好的事情，都可以是對自我的關愛。

若琳說自己在自我關愛方面確實不夠，他以前很喜歡跑步，可是最近半年非常忙，已經好久沒跑步了。由於工作和家庭的壓力都很大，他經常會有焦慮的感覺，一焦慮就會頭痛，可是看醫生的事情卻一拖再拖。意識到這一點後，若琳決定重拾跑步的習慣，即使再忙，每週也要至少跑兩次。這樣持續一段時間之後，他說自己的狀態確實好了許多。

❷增加對情緒的自我覺察

情緒覺察是情緒管理的基礎，如果你能夠在對孩子發火之前覺察到自己的憤怒、失望、焦慮等複雜的情緒，並知道自己情緒失控前的表現，如渾身發燙、心跳加速，那就可以做出比發脾氣更好的選擇。例如，你可以在發脾氣前離開現場，把孩子交給伴侶或其他照顧者，讓自己獨處至少二十分鐘。需要注意的是，不要一言不發就離開，而是要用平靜的語氣告訴孩子：「爸爸／媽媽很生氣，現在需要冷靜一下，你也可以用這段時間靜一靜，想想剛才發生的事。」獨處的目的就是要讓情緒中樞冷靜下來，讓思考中樞重新占上風。你在冷靜時，可以做自己喜歡的事，如看書，寫日記或是休息一會兒，都是健康化解情緒的方法。

有些父母可能會認為，好好說話都會被孩子當耳邊風，只有自己發火了，孩子才會聽話。如果你決定將發脾氣當作教育小孩的一種方式，那麼這至少是你覺察之後做出的選擇，比毫無察覺地發火強。但是你也要意識到，發脾氣對小孩造成的傷害，並要知道你其實還有更好的選擇。你可以學習一些非暴力的溝通技巧，為自己的工具箱增添更多和平又有效的教養方法。

❸察覺造成負面情緒的想法

自我教練模型認為，情緒並非直接來自於客觀事件，而是源自於想法，也就是你對這個事件的解讀。因此，要從根本減少對小孩發脾氣，就要學會檢視造成憤怒、挫敗等情緒的負面想法，並用更正向、客觀的想法來取代。

例如，我問若琳：「臨出門前小孩堅持要換褲子，你的想法是什麼？」

若琳回：「我主要有兩個想法，一個是再不出門就要遲到了，另一個是這孩子總是和我作對，個性太倔。」

我問他：「這些想法帶給你什麼樣的情緒？」

若琳說：「我覺得非常生氣，也很焦慮。」

我問他：「如果可以換一個角度來看待這件事，你會怎麼想？」

若琳想了想：「我會告訴自己小孩想換褲子就換吧，一分鐘就能做完的事，也不是原則問題，沒必要在這種小事堅持。我還會告訴自己，游泳課遲到也不是世界末日，再者，遲到的後果是由孩子自行負責，如果遲到，他會少上課，既然他不著急，我何必要著急呢？」

我笑了：「這樣想之後，你的情緒是什麼？」

若琳說：「我覺得輕鬆多了，下次我就這樣試試看。」

情緒管理需要長期養成，我有許多客戶說這些道理自己都懂，可是在情緒來的時候就是做不到。因此我建議，不妨把情緒管理視為一塊需要鍛鍊的肌肉，只要在遇到負面事件時，持續正向的思考方式，並在事後不斷反思，如此一來，你這塊肌肉就會愈練愈強，你就愈來愈能夠好好管理自己的脾氣。

培養孩子的高情商，做子女的情緒教練

不知不覺，本書已經接近尾聲，希望這本書已經讓你學會情緒教練的理論和方法，並有助於你在生活中管理自己的情緒。如果你已經為人父母或即將成為父母，有個好消息是，你

所學到關於情緒教練的知識，不僅有助於自我情緒管理，也可以幫助你培養孩子的高情商。

經研究證實，決定孩子掌控自身情緒的能力有三大要素：父母如何表達自己的情緒、父母如何處理孩子的情緒、家庭的整體情緒氛圍。在潛移默化中，子女會從父母身上自然而然地學習情緒管理的能力，因此，我們來了解什麼樣的教養方式會有益於孩子的情緒健康。

在《與孩子一起上的情緒管理課》（*The Heart of Parenting*）一書中，作者約翰．高特曼（John Gottman）和瓊安．迪克勒（Joan Declaire）整理出四種類型的父母：忽視型父母、反對型父母、放任型父母和情緒輔導型父母。其中，前三種類型都比較難培養出情緒健康的孩子。

(1)忽視型父母（The Dismissing Parent）：這類型的父母認為孩子的情緒無關緊要，最常說的話就是：「這件事有這麼嚴重嗎？」他們不願意回應孩子的情緒，認為這只是孩子在博取大人的關注。因此，他們也不會協助孩子解決引起情緒的問題，而是期待情緒能夠自動消失，最好是馬上消失。在這樣的家庭中長大的孩子，會漸漸覺得是自己有問題，也會認為自己的情緒是錯誤且不合時宜。

(2)反對型父母（The Disapproving Parent）：這類型父母有許多行為與忽視型父母類似，但是更加負面。他們認為情緒是脆弱的表現，只有「堅強」的孩子才有競爭力，因此，當孩子表露負面情緒時，他們會批判甚至斥責，常說的話就是：「不要哭了！」在這樣的家庭中長大的孩子，也會認為自己有問題，會更加壓抑自己的情緒，也不懂得如何調節情緒。

(3)放任型父母（The Laissez-Faire Parent）：這類型的父母允許孩子表達任何情緒，但沒有任何引導，也不會協助孩子解決引起情緒的問題。他們認為負面情緒來了就來了，只要釋放出來就沒事了。在這樣的家庭中長大的孩子不懂得控制自己的情緒，因此經常會出現交友困難、注意力不集中等方面的問題。

(4)情緒輔導型父母（The Emotion Coach）：這類型的父母不會認為孩子的負面情緒是麻煩，反而認為這是增進親子關係的機會，也是教導孩子情緒管理方法的好時機。他們不會取笑或批判孩子的情緒，也不會告訴孩子應該如何感受，而是會用有系統的方法來協助孩子調節情緒。在這樣的家庭中長大的孩子，會尊重自己的感受，主動調節情緒，並積極解決問題。他們有較高的自尊，學習也會更好，而且能夠融洽地與人互動。

經由許多實證研究，高特曼和迪克勒整理出五個建立親子親密關係的情緒教練輔導步驟。

步驟一：覺察孩子的情緒

父母觀察孩子的表情、行為和語氣，敏銳地捕捉孩子憤怒、傷心、嫉妒等負面情緒。父母不會忽視這些情緒，而是會用平靜的語氣與孩子互動：「怎麼了？是不是發生了什麼事？」

步驟二：把握教養的機會

如果父母能夠在孩子悲傷的時候給予安慰，在孩子憤怒的時候給予疏導，在孩子害怕的時候給予保護，就能得到孩子的信任，增加與孩子的連結。不要把孩子的負面情緒視為「麻煩」，而是當作增進親子關係與教育孩子的機會。

步驟三：以同理心聆聽

我在第十三章曾經提到兩個層次的聆聽。第一層聆聽，是不關注別人說了什麼，只關心自己接下來要說什麼，是淺層的聆聽。第二層聆聽，則是放掉自己的觀點與目的，完全從對方的角度思考，給予對方全然的關注。其實還有第三層的聆聽，那就是不只聽到字面上的意思，還要聽到對方沒有說出口的話，以及背後隱藏的情緒。

父母在聆聽孩子的煩惱時，要壓抑想要給建議或是責備孩子的衝動，而需要以同理心聆聽。父母可以分享自己生活中類似的經驗與感受，讓孩子感到被理解和接納。

步驟四：協助孩子為情緒命名

情緒教練輔導的第四步是協助孩子為情緒命名。例如，當哥哥因為弟弟得到父母較多關注而不高興時，父母就可以協助哥哥為他的情緒標示「嫉妒」的標籤。研究顯示，為情緒命名能夠啟動大腦的語言中樞，對情緒有安撫的作用。這也可以幫助孩子增加情緒的字彙量，學會利用語言而不是破壞性的行動，更正向地表達自己的情緒。

步驟五：建立界線與解決問題

做到前四個步驟之後，就能夠水到渠成地解決問題。父母需要建立界線，清楚地向孩子傳達：「你的情緒沒有問題，任何情緒都是可以接受的，但並不是所有行為都是可以容忍的。」例如，當哥哥因為嫉妒而打弟弟時，父母就要明確地建立界線，用溫和而堅定的語氣說：「弟弟還小需要照顧，爸爸媽媽在他身上花了許多時間，你覺得嫉妒和失落，有這樣的感覺完全沒問題，但是打他是不對的。你可以用別的方法來表達自己的情緒。」

當進入解決問題的環節時，父母要忍住教訓小孩的衝動，最好能鼓勵孩子自己思考，找到問題的解決方法。當然，如果孩子年紀還小，父母就需要發揮自己的創造力引導孩子尋找問題的解決方法，必要時也可以直接協助孩子處理。

豐富 005

所有壞事背後都有未來的好事

做自己的情緒教練，放下人生無謂的負重，擁抱不確定，展開更好的生活

作　　者：盧子慧
責任編輯：祝子慧
文字協力：楊心怡
封面設計：FE 設計
內頁排版：賴心怡
印　　務：江域平、黃禮賢、李孟儒

副總編輯：林獻瑞
主　　編：祝子慧、李岱樺

社　　長：郭重興
發 行 人：曾大福
出　　版：遠足文化事業股份有限公司　好人出版
地　　址：231 新北市新店區民權路 108 之 2 號 9 樓
電　　話：02-2218-1417
傳　　真：02-8667-1065

發　　行：遠足文化事業股份有限公司
地　　址：231 新北市新店區民權路 108 之 2 號 9 樓
電　　話：02-2218-1417
傳　　真：02-8667-1065
電子信箱：service@bookrep.com.tw
網　　址：http://www.bookrep.com.tw
郵政劃撥：19504465　遠足文化事業股份有限公司

法律顧問：華洋法律事務所　蘇文生律師
印　　製：中原造像股份有限公司

初版一刷：2023 年 3 月 15 日
定　　價：420 元
ISBN：978-626-7279-00-7
EISBN：9786267279014 (EPUB) / 9786267279021 (PDF)

國家圖書館出版品預行編目（CIP）資料

所有壞事背後都有未來的好事：做自己的情緒教練，放下人生無謂的負重，擁抱不確定，展開更好的生活 / 盧子慧作 . -- 初版 . -- 新北市
好人出版：遠足文化事業股份有限公司發行 , 2023.03
面；　公分 . --（豐富 Rich ; 5）
ISBN 978-626-7279-00-7（平裝）

1.CST：情緒管理　2.CST：生活指導

176.52　　112000538

讀者回函 QR Code
期待知道您的想法